Saisons du voyage

DU MÊME AUTEUR

Vladivostok, neiges et moussons, *Phébus, 2011; Libretto, 2013*

Le Nord, c'est l'Est. Aux confins de la Fédération de Russie, *Phébus, 2013; Libretto, 2014*

Le Cœur et les Confins, *Phébus, 2014; Libretto, 2015*

L'Hiver aux trousses. Voyage en Russie d'Extrême-Orient, *Stock, 2015; Folio, 2016*

Anthracite, *Stock, 2016; Folio, 2018*

La Mer des Cosmonautes, *Paulsen, 2017*

Cédric Gras

Saisons du voyage

Stock

Publié sous la direction
de Benoît Heimermann

Cet ouvrage a bénéficié d'une mission Stendhal
de l'Institut français

Photo de bande : © Sophie Parra d'Andert

ISBN 978-2-234-083394

Au temps qui a passé, qui ne m'a pas déçu

Anthropologie

Ceux de mon âge ont connu leurs premières errances à l'aube du XXIe siècle. Nous n'avions aucune chance. Nous sommes toujours arrivés après les réjouissances, dans les débris de bouteilles et les gueules de bois, sur les décombres des fêtes. Nos pères ont brûlé la chandelle par tous les bouts de la Terre. Ils ont fait flamber la planète. Partout où nous passons – aux confins de la Papouasie, sur les neiges du Ruwenzori –, la bringue est finie. Le voyage est défloré de son essence insouciante. Désormais : désillusion, conscience, urgence. Des enjeux critiques entravent les plus belles échappées. On ne part plus pour le panache et l'ivresse. Les bourlingueurs sont devenus graves. Ils alarment, comme des vigies innocentes, des sentinelles un peu myopes et touchantes. Cela fait bien longtemps que des spoutniks transmettent leurs données sinistres aux scientifiques. Ceux-là se passent du truchement des vagabonds se cherchant encore des raisons. L'exploration n'est plus guère possible que là-haut, dans le ciel constellé. Ce n'est plus une affaire de baroudeurs fauchés, mais d'éminents spécialistes et de budgets étatiques. La Terre est ronde. On s'est trompé d'époque. On a raté nos vies. Il nous reste la poésie.

Qu'est-ce alors que cette grande affaire qu'on appelle le voyage ? Pulsion innée du grand large, séparation salvatrice d'avec les siens, voie apaisée vers l'âge ? Rien de plus, sans doute, que le grand cérémonial initiatique des jeunesses d'Occident. Rite majeur de sociétés ayant renoncé aux couperets et aux paliers de la destinée, étape instinctive de l'existence, sirènes nécessaires, chimères fondatrices. Qui n'a jamais songé à tâter l'altérité et à sonder la profondeur de l'horizon ? Ce ne fut jamais, peut-être, à certains qu'une vague idée en l'air. Une pensée qui n'est pourtant pas fortuite. D'autres ne concevraient pas de vivre encore sans lui donner corps. Ils s'en vont sous le soleil qui en a brûlé tant de ses rayons. Toutes les peuplades, aujourd'hui unies dans l'humanité, exigeaient jadis de leurs rejetons la fourrure d'un ours et l'épreuve du lointain, avant de rentrer dans le rang. Liberté de rigueur. Mesure d'éloignement provisoire. L'espace n'a jamais rien été sinon le temps, un cheminement. On ne fait aucun pas impunément.

Rétrospectivement, je comprends bien n'avoir obéi qu'à cette loi, qui jalonne de seuils le décompte des années. Elle exige des passages vers la « maturité », ainsi qu'on nomme l'équivalent du baccalauréat en Suisse et en Belgique. D'aussi loin que je me souvienne, de ces premières aventures, de ces tribulations mal ordonnées, j'ai prêté l'échine et le flanc à une tradition. J'ai obéi aveuglément à une coutume qui n'est inscrite nulle part et qui veut que chacun valide ses semestres à l'école du voyage jusque sur des *curriculum vitæ* normalisés : les séjours altruistes au Mali, les travaux des champs en Australie, la Panaméricaine le pouce levé. J'ai franchi un à un les échelons d'une initiation ambulante en m'imaginant mutin. Un anthropologue de l'Occident en aurait ri aux éclats.

J'ai été des contingents – le service militaire n'était plus – qui ont roulé leur bosse dans l'apocalypse figée des Andes. J'ai le souvenir de la blancheur aveuglante des carreaux de sel et de ces femmes de l'Altiplano, aux robes épaisses et bouffantes, un chapeau melon sur une chevelure nattée, portant toujours dans leur dos un enfant, comme s'il faisait partie de l'accoutrement. Le toit du Nouveau Monde, et pour gagner cette première liberté, j'avais consciencieusement étalé des rouleaux de gazon dans les parcs publics de banlieues mal famées. La plupart de ceux avec lesquels nous enjolivions les terre-pleins centraux des autoroutes se trouvaient enlisés dans des quartiers navrants. Autres milieux, autres origines, autres rites. Leurs paies s'échangeaient contre les mirages de la consommation. Quant à moi je rêvais innocemment de parages moins tangibles. Je me revois, en équilibre sur une échelle entre les glissières de sécurité, soulever des bacs entiers de fleurs à peine écloses et grimper les barreaux à l'aveugle pour suspendre le tout à des lampadaires gris et sales. Autour de nous, ce n'était qu'un trafic incessant, les klaxons et les gaz d'échappement. Qui se souciait de cette chlorophylle et de ces pétales pastel dans un décor uniforme de ciment ? Un chef indolent me questionnait quant à l'orthographe des termes prosaïques dont il remplissait ses fiches. Le soir, je dévorais des récits de terres lointaines qui ne connaissaient ni asphalte ni pots de géraniums.

À l'université française, la science humaine de certains précepteurs confondait pensée et idéologie. J'y ai surtout appris à relativiser les grades et les titres acquis au forceps, par une abnégation académique. J'ai expérimenté l'incontournable année d'études à l'étranger, à Montréal, dans une altérité toute relative. Aubaine de ces partiels de géographie consacrés aux cordillières andines, que je sillonnais alors. Déception de ces enseignements au rabais, et de ces étudiants que les Québécois nomment des *téteux*. Fulgurance d'une échappée jusqu'à la baie James, dans ces forêts de conifères grêlées de lacs et ces tranchées trouant les jungles boréales de l'Arctique canadien, jusqu'aux grèves froides. Les lisières impénétrables et leur voile de feuillage, lignes de fuite si typiquement américaines, menant ensuite notre vieille Chrysler vers les chaleurs mexicaines, qui fuyait l'hiver et un cursus trop convenu.

Nous savions plus d'espagnol que d'anglais. Les États-Unis défilaient, dans la hantise d'une panne mécanique pour laquelle nous n'avions pas le premier dollar. Par chance, elle arriva au sud du Rio Grande, dans un bidonville où nous réparâmes deux jours durant avec le concours de passants édentés. La *bombita*, c'était un problème de *bombita* et nous étions dans l'inconscience de ces massacres qui ponctuaient la vie des sierras. Nous ne prétendions à rien d'autre qu'à la route et à des mésaventures sans drames, à ces artères de bitume désignant l'horizon et le soleil s'estompant derrière. Aveuglé un soir par les rayons rasant du couchant, l'ami qui tenait le volant jurait pourtant mordicus que nous foncions vers l'est. Énième coup de frein dans une pampa déserte et centième demi-tour, dans un crissement de roues et des rires.

Comment est-il possible que le simple fait de rouler procure autant de plaisir ? Des journées creuses, où l'on ne fait rien que de mirer le paysage qui défile. On ne ressent pourtant aucun ennui. La route avale goulûment les vagues à l'âme et le spleen. On voit du pays. On fait des haltes qu'on oublie, on effleure du regard des visages, on change d'avis à tous les virages. Sans doute parce que, le voyage, c'est une traversée des mondes, ce n'est pas un lieu, ce n'est pas un Graal. Il se fiche des finalités et des destinations. Cela n'a jamais été cela, le voyage, ça n'a jamais été un circuit fléché, mais une improvisation désarticulée. Le *road trip* comptait plus que le terminus dont nous n'avions qu'une vague idée. Il en allait de même de notre avenir.

Au retour, près de la frontière canadienne, il neigeait dru dans l'obscurité, notre combi des temps modernes était borgne, un phare seulement et les essuie-glaces étaient tous en panne.

Nous avions bricolé un système de ficelles que j'actionnais depuis la place du mort en me penchant par la vitre ouverte. La police de New York, sirène hurlante, nous avait bientôt acculés sur le bas-côté. Il avait fallu bafouiller avec brio dans la langue de Shakespeare que nous n'avions jamais lu, puis rester longtemps dans l'expectative. Le verdict tardait et trois autres voitures coiffées de gyrophares avaient rappliqué. Une dizaine d'agents riaient à gorge déployée, devant notre mécanisme de fortune. Nous craignions une amende qui nous oblige à travailler deux ans pour rembourser. Mais, moyennant la distraction que nous leur avions procurée, les fonctionnaires nous avaient escortés jusqu'à une aire de repos en nous enjoignant de n'en repartir qu'au matin et par temps clair.

Des péripéties somme toute bien ordinaires. C'était pourtant mieux que de rester au bar. Des promotions entières préféraient se livrer aux beuveries estudiantines ou fixer béatement les danseuses de la rue Sainte-Catherine. Exploration contrôlée de la débauche pour une jeunesse incollable quant à la vertu dans laquelle elle avait été élevée. Rite de passage en soi que de jouer les mauvais garçons dans l'éloignement et l'anonymat, affranchis temporairement des carcans et des familles. La mienne avait été désunie depuis longtemps déjà, après nous avoir inculqué quelque entendement. Je n'avais dès lors qu'une angoisse, que rien n'arrivât, ni de mes rêves ni de mes craintes, que l'avenir fût trop plat. Demain ne pouvait que se trouver ailleurs.

Ailleurs était un autre jour, l'horizon devait tout résoudre. Voyager vraiment, c'est avoir le cœur apatride. C'est prendre un navire, un soir, en songeant longuement au parfum de sa ville. Voyager, c'est partir. J'avais griffonné sur une page blanche des poèmes avortés qui disaient qu'*Ici plus rien n'arrive, ni drames, ni liesses. De la Seine, Paris dérive, sans cris, sans larmes, sans cesse.* Sorte d'« adieu vieille Europe » qui s'achevait ainsi : *En moi l'exil, et loin derrière, l'esquisse d'une terre. Un souffle attise une lueur. Là-bas, le doux bonheur.* En relisant ces phrases virginales, je me dis que c'était aussi l'odyssée des mots qui s'amorçait alors et promettait les plus ravissants rivages.

Je me souviens de l'Inde. J'ai vingt ans peut-être. Les trains bondés où les ventilateurs dispersaient l'air vicié. La plèbe qui se soulageait le long des rails en usant des mains gauches comme toute hygiène. Qui dormait sur les quais, emmaillotée de linges blancs, comme des dépouilles alignées après un drame. Un vaste drame. Les lépreux qui vous mettaient sous le nez leurs membres atrophiés. La caste des travestis qui venaient lever l'impôt de la mendicité avec non moins d'assurance que s'ils étaient mandatés par un ministère. Le ministère des va-nu-pieds. La dîme du royaume des gueux. Les mendiants faméliques qui entravaient ma marche en se cramponnant à mes chevilles. Combien j'aspirais alors à la stérilité des neiges himalayennes. L'immaculé, le gel qui engourdit les bacilles. Fasciné malgré tout, assis sur le marchepied d'un wagon ouvert à tous les vents chauds et étouffants, les yeux grands ouverts, je lisais passionnément le monde qui défilait au rythme des bogies. Je me revois, je portais une chemise vert foncé, repassée seulement par la mousson, sur un torse qui se plaisait à la maigreur, contaminé par une nourriture étrangère et secoué par la fièvre. Émacié, comme eux, la draperie de ma peau sur l'architecture de mes os. La pupille saturée par les couleurs, les papilles par les senteurs, dans l'humanité hindoue coagulée.

Calcutta, pleine de ses foules diaprées, de ses macaques en liberté, ses lianes rampant sur les parapets, sa saleté, sa fournaise, sa beauté. Ville féconde, fourmilière colportant mille colis, murs de moisissures au pied desquels se traînaient des êtres estropiés. Jungle urbaine de ruelles saisissant les corps et les cœurs à l'insu des grandes artères sur lesquelles, parfois, les grilles d'un grand hôtel isolaient un havre stérile pour les âmes nauséeuses. Je n'avais aucune inclination pour ces chambres cliniques. Je me fichais odieusement de ces quartiers aisés et abiotiques. J'étais installé dans le voyage, confortablement, profondément vautré dans l'expérience de l'indigence. Bercé par le vrombissement aérien des ventilateurs dans la moiteur de la nuit, soumis à la rumeur criarde des multitudes. Je m'assoupissais sur des literies pourries sous le souffle des pales, dans les bras du voyage.

Qu'y trouve-t-il, lui, le voyage, à ces mégalopoles mal rangées de taudis ? Qu'y a-t-il d'alléchant au ragoût de la misère humaine, à ses mots, à ses chants ? Rien, sinon la commotion que provoque le sordide. Notre vraie venue au monde. Nous qui habitons des pays assainis par des arsenaux de règlements, par le climat même, par l'opulence. Nous dont les contrées sont désinfectées et les aspérités gommées par les normes. Nos rues drainées ont été presque expurgées du dénuement et des difformités de nos pareils. Nos boutiques font commerce de pièges à mulots masquant les cadavres, afin d'anéantir le nuisible sans avoir à contempler ces toutes petites morts. On ne veut rien voir des haillons du monde, qui viennent pourtant s'ériger en campements sahariens jusqu'au cœur de Paris. Le baptême de l'altérité – toujours la même – au bout de sa rue.

Je me souviens de l'Inde. C'était mes grandes découvertes. Moi sur la route du Nagaland et de l'Arunachal Pradesh. Moi, dans la vieille salle de lecture d'un institut colonial, méconnaissant un anglais abstrus traitant de contrées d'autant plus sibyllines. Moi, dont les yeux errent sur des mots tandis que mon esprit est tout entier accaparé par la vision de ce corps, découvert hier encore, à Madras. Vieille demeure britannique cernée par les élans avortés de murs de briques hérissés d'une armature rouillée. Élégance surannée d'une époque où le raffinement côtoyait la cruauté. Ce balcon qui réunissait plusieurs chambrées, où je me promenais, dans la torpeur de l'homme asséché par le soleil. Et derrière un voile, une fille entièrement nue qui sommeillait, que je n'ai jamais connue. Une silhouette en forme de lyre, comme l'écrivait Ivan Bounine. Apparition charnelle annihilant en un instant mes rêves d'échappées aux confins des jungles birmanes et des forteresses himalayennes. Toute-puissante mémoire de nos fantasmes et de nos regrets. Hantise voluptueuse, bientôt balayée par un esprit en cavale. J'allais alors d'un pas qui ne se retournait pas. Je ne songeais guère à la traversée de la vie que j'imaginais infinie. Je prétendais plutôt repousser les horizons et fendre l'espace. Des rêves de hautes montagnes, de contrées inconnues, des mirages.

Nostalgie de l'inconnu

Partout sur Terre, des savants, des lettrés, des ouvriers ; partout, des hommes que la passion ou le sort affranchissent du sang. Elle fait frères des étrangers, sur le simple constat d'un même feu intérieur. Personne ne s'apparente plus à un professeur de philosophie qu'un confrère, fût-il des antipodes. Nos raisons d'être nous façonnent, elles se moquent de nos origines. Les paysans ressemblent aux paysans, d'où qu'ils soient. Chaque nation à son aristocratie, ses brigands, ses saltimbanques, tant d'autres encore, et puis ses vagabonds, ceux qui vendent leur âme pour un voyage. Ceux qui ont l'espace dans le ventre et qui butinent le nectar du monde.

Pourquoi part-on ? C'est la question qu'on vous sert éternellement en entrée. L'appel du large est un signal que n'entendent pas toutes les ouïes. Aujourd'hui, je peux avec plus de certitude affirmer que je pars car je m'ennuie. La Terre, vaste salle des pas perdus. Mais alors, il s'agissait sans doute de vivre autrement la fête de la jeunesse contre ceux qui vous accusaient dans une ivresse hurlante d'être rabat-joie car vous ne vous abandonniez pas aux réjouissances. Que sont-ils devenus ? Ma bringue consistait à danser sur quelques arêtes alpines et à contempler des visages couverts d'autres sueurs que celle des boîtes de nuit. J'ignore si le voyage est une rébellion, une dissidence qu'on trahit avec les décennies. Peut-être avais-je quelque chose à exorciser. Peut-être était-ce simplement un loisir plus érudit que les vacances balnéaires.

Nous sommes, aux âges peu avancés, une mécanique du désir aux rouages hypnotiques. J'ai d'abord conçu l'Himalaya, à l'aune minuscule des sentiers de France et sous les couettes où je lisais en cachette. J'inventais mes voyages, dans le sillage d'une littérature fondatrice. Elle me berçait, enfant que j'étais, emporté par des songes puissants. J'avais seize printemps, je menais quelques escapades, comme des reconnaissances. Le rêve original de l'aventure sourdait en moi dans des poésies d'écolier, que personne d'autre n'a jamais déclamées au silence. Je les garde en souvenir ému et gêné de feu l'imaginaire, en mémoire de ce fleuve lyrique qui émouvait mon être juvénile, dans le pathétisme théâtral de l'adolescence.

J'ai fouillé les planisphères en dévorant les récits de naguère. Je faisais parler les cartes sous la caresse de ma paume. C'était juste avant qu'elles ne soient pixélisées par des matrices informatiques. Incroyable enchevêtrement de symboles qui se déclinaient en planches thématiques pour rendre compte de la pagaille d'un monde pluriel. J'étais vaguement déçu que le globe tout entier soit truffé de toponymes et anthropisé dans ses moindres recoins, comme un corps tatoué jusqu'entre les doigts de pied. Cela coupait l'appétit. J'avais en conséquence nourri quelques sentiments pour les bouts de la Terre et ses lambeaux d'humanité. Je voulais voir le monde autant que m'en échapper, aimanté par les confettis de forêts vierges et les immensités barrées de noms sans abréviations, logeant tout entiers dans les vastes territoires qu'ils désignaient sur les mappemondes.

J'ai pris la route, aiguillonné par l'esprit d'aventure et ses chantres. J'ai atteint la source de certains mythes. Hélas. On m'a devancé. Pas un, pas dix bourlingueurs, mais tout un monde, une époque. Le temps, avalé par le goulet des sabliers. Puisque aujourd'hui n'offre plus de péripéties, on se rabat sur celles des siècles précédents. Des tribulations dont la lecture rehausse un séjour un peu fade. Du récit de voyage au voyage en récit. On peut se dire alors : « Là passa untel, ici mourut un autre, etc. », empêtrés dans la pollution des mythes. Toutes les tribulations s'inscrivent désormais dans une histoire et des litanies introductives, comme des premières parties de doctorats soviétiques. Livingstone sur le Zambèze, quelques pandits célèbres aux portes du Tibet interdit... Édifiant recensement d'expéditions pionnières, jalonnées de citations devenues des phrases de comptoir. Fulgurances triviales passées à la postérité par le privilège de la primauté. Relief de l'histoire et platitude de la géographie, laissant au quidam d'aujourd'hui un goût de réchauffé.

Périples anachroniques que ceux que l'on effectue « sur les traces de... », en faisant les caves et les greniers. « Découvrir » ne signifie plus que dépoussiérer la vieille malle d'un héros oublié : des capitaines courageux ayant méprisé la postérité, des pêcheurs ayant jalousement gardé le secret de leurs trouvailles poissonneuses. « Explorer » implique d'exhumer des squelettes encore non identifiés. Des chasseurs, des hors-la-loi qui découvraient à leur insu des territoires à faire pâlir de jalousie n'importe quelle société de géographie. On n'en finit plus de regarder en arrière sur les routes. Des Vikings à Saint-Exupéry, en passant par Amundsen ou Liotard. Le monde est un sentier cent fois rebattu. Au point qu'il reste peu d'itinéraires qui n'aient été répétés.

Le voyageur n'est plus un homme éclairant la pénombre d'une topographie broussailleuse. Non, il est un pèlerin sur la piste de ses dieux : Ella Maillart, Alexandra David-Néel, etc. C'était une autre Terre. C'était l'inventaire du monde, l'énumération des curiosités ! C'est sur la foi de ces pères ayant épuisé jusqu'à la moelle la science géographique, que nous en sommes aujourd'hui à la post-exploration, au recensement de ce qu'il reste, à l'état des lieux écologique, au dénombrement pointilleux des langues mortes, des tribus disparues, des forêts décimées. L'aventure s'est trouvé une nouvelle caution : l'inspection du désastre. Il y a de l'histoire dans la géographie. Dramatiquement.

J'entends de nos jours ces discours conceptuels qui appellent à « redécouvrir », « réinventer », « porter un autre regard »... Ils emploient le même vocable que les artistes prétendant nous faire « voir le monde différemment » dans une panne d'inspiration générale. Celle qui nous ressert une soupe toujours un peu plus amère. L'humanité a atteint un plafond. Nous faisons les musées. Le « nouveau » a pris du plomb dans l'aile. L'art lui-même semble en proie à la finitude, attendant une fusée spatiale pour de nouveaux univers. L'ailleurs est un parfum au rabais et le voyage pue la nostalgie.

Que faire de tous ces mythes qui nous ont jetés sur les routes ? Poisons oniriques pénétrant subrepticement par les pores de nos cervelles, leurres. Une carotte ! Voilà ce que sont nos songes, qui nous font avancer sans que jamais nous ne les vivions aussi fort. L'âne que je fus ! Des mensonges qu'on donne à bouffer aux mômes pour le quatre-heures. Le voyage est d'abord rêvé. Il le reste et je l'ignorais. L'exploration a mangé son pain blanc, l'inconnu est devenu un mirage. La fin du voyage. Ou la fin d'*un* voyage.

Derniers instants d'éternité

Il m'a pourtant été donné de toucher du doigt un peu de cet absolu. J'avais dix-neuf ans. Avec une camarade nous faisions route vers le Tibet, très au nord encore, à travers les steppes mongoles. Je refusais d'être parachuté sur le toit du monde par un oiseau à réaction. J'aspirais à ces odyssées continentales, à ces voyages au long cours. Nous approchions insensiblement par le septentrion, dans le lointain sillage de l'officier impérial Nikolaï Prjevalski, au XIXe siècle. Je souhaitais que le Tibet apparaisse à mesure de mes pas, qu'il surgisse des déserts de l'Ouest chinois en un rideau de montagnes aussi éblouissant qu'un tableau de Nikolaï Roerich. J'espérais ce passage entre les mondes d'antan, séparés d'épaisses marches à travers lesquelles on chemine des semaines durant.

À Oulan-Bator, nous avions acquis des chevaux à un ancien voltigeur de cirque. Les marchés recelaient de selles, de brides et d'autres lanières de cuir dont nous ne connaissions que très modérément l'usage. Il fallait tâter le tout d'un air faussement aguerri. Nous étions partis dans les rayons rasants du matin, entre les cheminées des centrales thermiques et les bidonvilles de yourtes. Des gamins narquois tentaient de nous voler nos bêtes comme ailleurs des bicyclettes. Tout de suite, il y avait eu l'orage, déluge d'eau et d'éclairs zébrant un horizon de suie. Les chevaux piaffaient et hennissaient dans le tonnerre qui roulait. Nous avions passé une première nuit à la belle étoile, dans une prairie trempée que tentait de sécher une lune énorme, polluant le ciel de sa clarté blafarde. On voyait à peine les étoiles. Nuit blanche d'émoi et de lueur sélène, sur un promontoire offrant les lumières vacillantes de la capitale mongole, hantée par cette jument se défaisant de ses entraves.

À l'aube et toutes les autres, nous cherchions du regard nos montures dispersées dans la prairie. Nous les harnachions d'une main chaque jour plus avertie et nous battions l'incommensurable steppe. Les jours peuplaient le calendrier à l'infini. Le souvenir de nos foyers ressemblait à ces mouches qui nous harcelaient dans les marais où s'embourbait le cheval de bât. Nos grandes adolescences s'en allaient doucement, juchées sur des destriers courts et trapus, s'enfonçant dans l'absence et l'horizon. Les hautes herbes qui chatouillaient nos bêtes au garrot fouettaient mes jambes de grand dadais. Aussi loin que portait le regard, elles ondulaient sous le vent qui chassait les nuages. Nous fendions les étendues planes où l'on voyait à perte de vue méandres et pâturages. Chaque soir, nous reposions sous le dieu du ciel que les Mongols nomment Tengri. Le ciel, écumé de volumineux nuages, qui présentait plus de relief que la terre.

Mornes parages, vastes, zébrés de verts de toutes nuances, émeraude, olive, pâles, irrigués de quelques rivières bénites, battus de pur-sang, de yacks, de chameaux et parsemés de yourtes. Liberté d'apprentis, intuitivement aimantés par les points cardinaux de la rose des vents. La vie a ses écluses qu'il faut combler afin de remonter un courant qui sinon vous emporte. Il nous fallait d'abord contempler le monde, vacillant au bout de la longe dès que le cheval de bât s'arrêtait net pour uriner. Brave destrier blanc qui me jetait violemment à bas lorsque je m'essayais maladroitement au dressage et qui s'enlisait jusqu'à l'abdomen dans les marécages, tendant son cou nerveux et ses yeux affolés vers la rive solide, ruant pour se sortir du bourbier.

Expérience naïve de l'altérité, cent fois, dans les campements estivaux, à la terre piétinée par des milliers de sabots. Étalons brisant leurs attaches et poulains de l'année au ventre des juments, dans des cohues périlleuses où seuls les Mongols pouvaient rétablir gutturalement un ordre invisible. Touxor, Tengis et d'autres, j'ai oublié les prénoms de nos hôtes, chez lesquels nous nous présentions sans vergogne à l'heure de la traite, de la sieste, de l'ivresse. Parfois eux-mêmes nous chargeaient dans la steppe, aux fins de nous imposer une générosité magnifique. Ils scrutaient inlassablement l'horizon de leurs longues-vues, et sans jamais les voir, nous traversions les prairies sous leurs regards.

Ils déboulaient au triple galop dans des *Sain baïn u* répétés. Ces salutations étaient venues abonder notre maigre vocabulaire. Nos selles dites européennes, de fabrication chinoise, leur causaient beaucoup de joie. Eux chevauchaient des arçons en bois, au pommeau très recourbé. Ils étaient juchés sur des étriers haut perchés, sans jamais s'asseoir. Rencontres candides dont on ne tirait guère que de larges sourires. Je ne parlais alors pas même trois mots de ce russe que beaucoup d'aînés comprenaient pour avoir fait leurs classes dans une Mongolie socialiste, et des études jusqu'à Kiev ou Riga. La gêne trouvait un exutoire dans des bols d'arak fermenté au sein des yourtes feutrées, ou bien dans un cinéma improvisé captant des ondes égarées. On percevait à peine le son et les voix, noyés par le ronronnement d'un groupe électrogène berçant les enfants qui s'effondraient de sommeil.

Qu'est-ce donc que cette grande affaire qu'on appelle le voyage ? Il ne fallait pas tant palabrer que s'imprégner de ces tableaux qui se gravaient dans nos mémoires. Les visages ronds, burinés et joviaux, fendus de regards perçants, coiffés de feutres. Les yourtes blanches, cocons de tapis et de mobilier domestique chaudement peint, les autels bouddhistes au-dessus des vieilles commodes. Chaque fois ces clichés, pris à la capitale, place Soukhebaatar – le Lénine mongol – renommée en l'honneur de Gengis Khan. Ils trônaient, presque identiques, dans tous les foyers nomades du pays, en souvenir d'un jour où la famille avait immortalisé une rare visite à Oulan-Bator. Au passage ils avaient fait tourner les moulins à prières désaxés du monastère de Gandan.

Souvent, l'horizon se trouvait obstrué de nuées apocalyptiques. Les grands-mères semaient autour des yourtes le lait fermenté, en libation aux dieux revenus, chassant à coups de balai les chiens affamés. Nous nous cassions les dents sur des repas de viande séchée et de fromages durcis au soleil. Nous étions saoulés d'arak de jument, dans les murmures monosyllabiques d'un vieil homme que nous voulions croire immensément sage. Sans doute ne révélait-il en vérité rien d'inoubliable entre les bouffées de tabac et les lampées de quelque alcool. Ainsi en va-t-il de ces rencontres sourdes autant que muettes. On donne crédit aux rides de ses hôtes, à la parole nébuleuse de l'autochtone. Le monde du voyageur est sacré, les sociétés coutumières infailliblement vertueuses.

On nous vola pourtant deux de nos chevaux au village de Baïchint, le soir de la fête du Naadam. Les gamins les plus légers montaient les étalons les plus vifs. Ils avaient cravaché sans relâche, sous l'œil d'une foule accourue d'on ne savait où. De la prairie vide avait surgi tout un peuple vêtu de *deel* soyeux, ceint de riches tissus, paré et coiffé de *janjin*. Il y avait eu des luttes, du tir à l'arc et un banquet ; un soir de griserie et de fête sous l'œil indifférent des étoiles. Elles seules connaissaient l'identité des ravisseurs. Au matin, rompus, nos hôtes avaient lancé des destriers aux quatre coins de la steppe. Personne ne retrouva jamais nos bêtes.

Un peu abattus, nous poursuivîmes pied à terre, accompagnés désormais de notre seul cheval de bât. Nous tracions notre imaginaire « route du feutre », une lubie d'Européens se cherchant des itinéraires. D'Oulan-Bator à Lhassa, les nomades des hautes terres ont fait de cette étoffe de poil leur matériau. Nous croyions en cette civilisation du feutre, unie par l'infini du ciel, le galop des troupeaux, le lait des juments et des *dri*. Elle paradait dans ces grands manteaux aux rabats couvrant la poitrine. Il y avait aussi, depuis le XVIe siècle et le khan Altan, ce bouddhisme tibétain en partage. « Dalaï » est un mot mongol désignant l'« océan », qui fut alors accolé au terme « lama ». Nous nous mouvions dans une perpendiculaire à la route de la Soie, le long de la haute Asie. Nous gardions le cap plein sud, vers les steppes arides, les chaînes célestes et le toit du monde.

Le bonheur, alors, était nomade. Nous allions à ses trousses. À l'image de ces adolescents fourbus par les journées à l'élevage, nous nous allongions le soir sur les tapis des yourtes, terrassés par le sommeil, aux côtés de la marmaille coiffée de couettes. Aux aurores, il fallait sangler le ventre de notre bête maigrissant avec les parallèles. Il se gonflait comme une baudruche à l'eau des rares ruisseaux sous des soleils de plomb. Les collines minérales succédaient à la prairie qui mourait. Nous possédions une fragile tente à poser sur des carrés d'herbe grasse ou les polygones craquelés des lagunes. Elle était dépourvue d'auvent, doublée d'une toile trop courte. Éternellement dehors, nous attendions la visite d'un cavalier du crépuscule.

J'ai le souvenir, dans un coin de mon crâne, de l'un d'eux. J'ai retrouvé son nom dans un vieux carnet. Il s'appelait Alagh, éleveur de moutons sous l'étoile rouge de la République populaire des steppes. Il avait dégoté mon GPS dans notre fatras. Je me disais qu'il prendrait l'objet pour un téléphone ou que sais-je. Non, il avait pointé son doigt vers la voûte céleste et murmuré : *spoutnik.* Puis il avait enfourché son cheval pour s'enfoncer dans la nuit qui s'abattait et pousser son troupeau.

Dans les monts Khangaï, les nomades installaient leurs quartiers d'été en altitude. Nous avions remonté une vallée encaissée vers les hauteurs où pointaient les cônes de quelques volcans noirs et éteints. La gorge était si étroite qu'il avait fallu patauger dans le lit de la rivière, puis batailler dans des broussailles et bivouaquer les pieds dans l'eau. Au matin nous avions débouché sur les hauts plateaux fauves où paissaient le bétail. Le sentier escarpé qui menait à l'estive était vertigineux. Notre dernière monture trébuchait sur les rochers à en perdre l'équilibre. Elle avait fini par chuter vers le précipice sous mes yeux, emportée sous sa charge. Elle s'était rétablie *in extremis* par un véritable prodige.

Puis les monts pelés s'abaissèrent vers le sud et les bouquets arborés disparurent. Seules des fleurs violacées ondulaient dans les thalwegs. De grands roseaux puisant une eau souterraine marquaient la frontière avec les sables. On pressentait les portes du désert de Gobi. Un dernier filet d'eau s'y enfonçait comme une oasis linéaire. Nous l'avions suivi et, comme lui, nous perdions en vigueur chaque jour. Il avait fini par se tarir à l'endroit de quelques tombes en quartz blanc, cernées de pierres noires. Un panneau rouillé délimitait les parcelles d'un programme d'irrigation avorté. Nous avions prolongé de nos pas le lit qu'aurait suivi le ruisseau, s'il avait été alimenté.

Un jour, au beau milieu d'une aridité accablante et plane à perte de vue était apparue une montagne. Les versants s'étaient refermés sur nous. Nous y avions pénétré un univers insoupçonné, un royaume aérien, assiégé par le feu et la désolation. Dans l'unique vallée, un cavalier et son fils nous avaient reçus en grand apparat de feutre et selon le protocole de la fraternité. Les derniers Mongols peut-être, le bout du monde, à la lisière hypercontinentale de l'humanité. Saillies de vie dans le stérile et l'hostile, presqu'île dans l'océan des terres où nous avions sombré. À près de 4 000 mètres d'altitude, un *oboo* sommital tutoyait le ciel au milieu de neiges éparpillées. On voyait le Gobi, ocre et rouge, de roches et de sables, de sels et de cendres. Une immensité que ne coupait plus aucun massif, que n'occupait plus aucune yourte. L'horizon était incandescent dans un écrin céruléen.

*

Nous avions offert notre unique destrier. Passés en Chine, dans la province austère du Gansu, nous n'avions trouvé pour poursuivre notre quête que des vélos de femme. Les Chinoises, coquettement gantées, pédalaient par les rues des villes pionnières du Grand Ouest. Nous nous attaquâmes sur ces montures ridicules aux premières chaînes de montagnes, après le bref confort de l'asphalte des grands axes menant à l'Asie centrale. La nouvelle route de la Soie n'était que brumes de chaleur et poussière de camions. Des motards de Lanzhou nous avaient offert à boire et un bouquet de fleurs sauvages. Nous vivions nos derniers bivouacs dans les sables chauds des confins ouïghours, face aux glaciers écrus, si hauts qu'ils ne s'éteignaient que bien après la fin du jour. Devant nous, le froid, le vent, la neige, et nous n'avions qu'un équipement précaire, harnaché au cadre de nos bicyclettes à l'aide des grossières longes équestres que nous avions conservées.

J'ai des photographies stupéfiantes de cette frêle équipée dans le cahot des pistes à peine tracées. Nous perdions un boulon à chaque coup de pédale et je revissais tous les soirs ce qu'il restait des cycles avec une clé à molette bon marché. Nous remontions les tumultueux torrents venant des plateaux, qu'il fallait traverser l'eau glaciale à la ceinture, en portant machines et bagages. Nous nous engagions dans des défilés sans autre berge que des sentiers aériens épousant les méandres, sous des murailles de pierres désertées par la lumière. Nous usions nos semelles pour freiner dans les descentes suicidaires. Les chaînes, colossales, culminaient bien au-delà des 5 000 mètres, dans l'anonymat des multitudes sommitales. L'altitude acquise au prix de tant d'efforts l'était pour deux mille kilomètres, jusqu'à l'Himalaya.

Les grandes épopées ont leur morne quotidien comme les grands espaces, leur ennui. Longs mois de voyage, la Mongolie tout entière, le Gobi, le Qinghai où nous fûmes brièvement arrêtés dans une bourgade. Seules les villes présentaient le danger des autorités, des lois et des permis spéciaux. Le reste était un territoire sans drapeau et sans contrôle, comme ce bout de piste se perdant vers le ciel. Je m'en souviens comme si c'était hier. Elle sectionnait une haute crête, formant un col au passage duquel une flèche en bois montait vers l'éther, reliée au sol par des drapeaux de prières et des chevaux de vent. Au pied, un amas de pierres gravées, d'ardoises peintes et de cornes de yack ne semblait alimenté que par de rarissimes passants. La carte mentionnait 38° 43' de latitude. Nous avions enfin devant nous les bornes septentrionales de l'ex-royaume du Tibet, comme les vestiges d'un pays évanoui.

C'est là que j'ai touché un peu de ce rêve. Des semaines entières à peiner sur le toit du monde. Nous avions abandonné nos montures aux roues voilées, à bout de souffle. Même les chemins avaient cessé d'exister. Nous allions par les déserts d'altitude du Changtang. Des sommets enneigés barraient éternellement l'horizon. Des cols imperceptibles à des altitudes vertigineuses et nous, transpercés par les bourrasques, qui n'avions que quelques vêtements passablement élimés. Nous forcions le pas pour nous réchauffer, dans l'espoir de ces rares maisons en brique d'argile, nichées dans les recoins des plateaux. Les mastiffs se ruaient sur nous, la gueule ouverte. Je leur jetais des pierres pour les repousser jusqu'aux murs d'enceinte. Des femmes enchâlées surgissaient de l'entrebâillement des portes, sous des crânes de yack aux os blanchis. Il nous semblait découvrir une peuplade oubliée. Les plus grands m'arrivaient au poitrail. Par timidité, chacun se trouvait d'abord bien aise d'être accaparé par la marmaille qui s'égaillait. On faisait mine de surveiller la hargne du chenil. Les regards fuyaient entre des paupières plissées, puis quelqu'un nous faisait signe de pénétrer dans l'antre par les portes basses. Nous tombions du ciel.

Sans doute n'avaient-ils jamais vu d'Européens. Bien sûr, ils avaient ouï dire par les ondes et les caravanes, de l'existence d'une humanité bariolée et étrange. Il n'y avait ni crainte ni croyances à notre sujet. Nous n'en étions pas moins dévisagés comme des bêtes de foire par les gamins hâlés n'ayant jamais rien vu de la Terre que ses éminences glacées. Ils se ruaient aux fenêtres lorsque les adultes les chassaient dehors. De l'intérieur, où se déployait une hospitalité sans faille, on distinguait les fronts enfantins écrasés contre les carreaux, sous des châles de vives couleurs. En contraste avec cette effervescence, chaque fois, se trouvaient aussi quelques-uns de ces êtres stoïques. Des visages impassibles, que rien n'étonnera jamais en ce bas monde. Ils semblaient se conduire envers nous comme à l'égard de tout autre, avec une bonté d'une humeur égale.

En nous enfonçant dans l'abîme horizontal des grands espaces, nous avions remonté le temps. Le Tibet éternel. Les foyers s'organisaient immuablement autour du poêle et d'un long tuyau courant à travers la pièce avant de bifurquer verticalement vers le toit. Nos hôtes posaient sur ce conduit leurs batteries de casseroles et de théières. Nous trouvions là du réconfort, affalés sur les banquettes de tapis, lestés de *tsampa* au beurre, savourant un thé au lait, du fromage blanc et des *kabsé*. Des femmes, pareilles à des princesses de contes, barattaient avec vigueur. Des seins allaitaient des nourrissons emmaillotés. Les forces vives étaient souvent absentes, parties avec une caravane acquérir des provisions avant l'hiver. Immanquablement, lorsque tout se taisait, on remarquait bien tardivement dans un coin de la masure un vieux parent, hors d'âge, ridé comme les lacs ventés.

Des lèvres usées murmuraient quelques mantras tandis qu'un poignet entraînait d'un geste infime un moulin à prières. Un aïeul s'apprêtait à mourir sans gêner.

C'est de ces cocons que l'on s'extrayait chaque aube, dans les gelées et la neige fraîchement déposée. Nous allions d'après une vieille carte aéronautique des années 1980 sur les flocons qui crissaient. De toutes parts s'élevaient des cimes vers des altitudes divines. Longs étaient les longs plateaux, soufflés de bourrasques, coupés de rivières profondes et glaciales. Nous les franchissions entre les bancs de graviers où le sang revenait violemment dans nos veines, bleues sur notre chair blême. Nous cherchions les replats où elles prenaient leurs aises et se dispersaient en petits bras. Je fouillais les rives du regard, espérant la trace de yacks dont les piétinements indiquaient les gués. Au loin, des volées de kiangs, les ânes sauvages du Tibet, et des gazelles se jouaient des tourbières où nous pataugions.

Puis nous marchions comme des fous vers le vertige des horizons, afin de sécher au vent polaire. Nous n'avions pas dégourdi nos membres que nous les replongions dans les eaux d'un autre torrent. Les trouées semblaient des polynies dans la banquise du ciel. Le soleil, puissante étoile, rôdait ironiquement à la lisière des nuages, dans un halo diffus. Il tachait de faisceaux le lointain, çà et là, sans jamais nous offrir sa lumière, maudits que nous étions par de noirs stratus, sur une terre éteinte et froide.

Étourdissement de la liberté. On se fourvoie à son sujet. On imagine trop souvent qu'elle ne rime qu'avec « choisir ». On oublie qu'elle est d'abord l'absence d'entraves comme de remparts. Cette ivresse d'être *en liberté*, à trimer dans la tempête, comme des bêtes. *En liberté*, loin de la captivité du béton, des dalles et des fenêtres sur cour. La liberté n'est pas une élection, la liberté c'est le sauvage, fût-ce sous les gueulantes d'un capitaine acariâtre ou de ses propres peurs. La liberté ce n'est pas être maître de sa journée, non, la liberté c'est se faire gifler par le vent. La liberté c'est boire aux lacs salés du Changtang sous la blancheur du Kunlun. La liberté, c'est se battre pour un peu de chaleur dans l'immensité d'un plateau aussi vaste que l'Amazonie ou l'Antarctique. La liberté, c'est l'absence d'alternative. Ne compte que la survie. La liberté, c'est la fuite en avant.

Nous nous nourrissions de pâtes chinoises à raison d'un paquet par repas. Elles se dégustaient nouille par nouille, crues au déjeuner, abrités derrière un rocher des rafales forcenées. À ce régime-là, nous étions vite devenus d'une maigreur d'ascète. Nous portions des sacs réduits à leur portion congrue sous les nuages écartelés en filaments cotonneux par ce vent qui nous saoulait. Nos sentes étaient celles, obliques, des yacks à flanc des pentes. Les voiles de grésil nous fouettaient, la faim nous minait. Il nous arriva de ne plus rien avoir à manger, éprouvant une légère sensation de perdition. Nous évoquions des festins dans cette tente qui gémissait et claquait toute la nuit sans rompre notre sommeil de damnés. Sa paroi intérieure avait brûlé dans une haute flamme du réchaud à essence. J'avais étouffé l'incendie à l'aide des tapis de selle de nos chevaux mongols. Carrés de feutre bénis qui servaient de couche en nous isolant de la neige.

Parfois, minuscules silhouettes éparpillées sur les piémonts, nous apercevions des nomades. Fantomatique humanité des confins de la Terre, emblématiques visages du bout du monde, celui qui finit sous le grand ciel. Des collecteurs de sel, des pâtres en disette, subsistant sous des tentes ensevelies par les tourmentes nocturnes. Je n'osais m'imaginer les affres de l'hiver en ces contrées. Les hommes empêchaient leurs bêtes de déraciner les pousses rases afin qu'elles repoussent durant le court été. La vie s'épuisait avec l'altitude. Je me demandais alors lequel de ces hommes râblés, tannés et crasseux, burinés, était le dernier, l'ultime avant l'érème. Le dernier souffle.

Je me souviens d'un très vieil homme, profondément ridé, accompagné d'un petit cheval. Nous l'avions rencontré au soir, dans une haute solitude. Assis en tailleur, il réparait méticuleusement ses *sompa*, les bottes tibétaines. Un petit feu réchauffait une bouilloire cabossée et il s'apprêtait à dormir dans le manteau des étoiles. Nous avions partagé avec lui quelques racines et un thé au lait. Nous peinions à comprendre où il menait ses pas. Une sorte de pèlerinage, à en juger par ses rares et lentes évocations gestuelles. Il m'avait rappelé ces Inuits âgés dont on dit qu'ils se laissent glisser des traîneaux pour mourir dignement et ne pas imposer leur fardeau à la communauté. Il accomplissait une ultime circumambulation de quelque symbole sacré. À moi, il me sembla que ce vieillard-là voyageait vers l'au-delà.

Il nous arriva de suivre une caravane sur un de ces itinéraires millénaires conservés dans la seule mémoire des nomades. Les yacks allaient sous les cris perçants de leurs gardiens. On entendait le roulement des mille sabots. Des coups s'abattaient sur la mêlée des ruminants bataillant inlassablement de leurs cornes. Aux campements et maisons que nous trouvions sur notre chemin, des liasses de yuans circulaient de mains en mains autour de thés au beurre salé et de l'orge qu'on y mélangeait. Chacun passait commande. La caravane se rendait à un marché, au-delà de dix vallées. Combien de temps encore ces convois de bêtes de somme emprunteraient ces voies ?

Nous franchîmes ainsi un col vers 5 200 mètres qui offrait une brèche dans la chaîne des Tanggulashan. Les caravaniers posèrent des pierres pour abonder le *lhapsa*. Nous pénétrions frauduleusement dans l'entité administrative chinoise du Xizang, le Tibet officiel. Qu'importait, nous vivions dans une autre géographie, séculaire. Nous nous trouvions à la frontière des vieilles contrées de l'Amdo et de l'Ü-Tsang. La piste reliant Golmud à Lhassa courait parallèlement, à deux cents kilomètres peut-être. Elle n'était qu'une saillie de contemporanéité qui s'effaçait dès le bas-côté. Il y avait dans cette odyssée de mes dix-neuf ans un soupçon d'interdit.

Derrière les Tanggulashan, les eaux de fonte s'écoulaient vers le sud, le Mékong, le Yan-Tseu-Kiang ou le Brahmapoutre. Les sources du fleuve Salouen, dont les eaux irriguent la Birmanie, se trouvaient dans l'une des vallées crénelant la chaîne. J'aidais à contenir le troupeau qui faisait craquer partout la glace dans un gigantesque froissement. Les cris fusaient, les cornes s'entrechoquaient. Sur le versant méridional, la caravane s'arrêta pour paître aux premières touffes d'herbe. Nous la laissâmes à sa lenteur immémoriale avant de nous enfoncer dans une tourmente neigeuse.

De foyer en foyer – parfois nous marchions trois jours sans en croiser –, nous observions ce peuple, ses us, ses mœurs et ses concessions au XXIe siècle. Comment nous regardaient ces Tibétains ? Ces femmes aux coiffes de jais, nattées et ornées de gemmes, lourdement ceintes, qui se paraient en s'esclaffant pour les clichés que nous faisions d'elles. La crème chinoise de pacotille venue d'un marché lointain, qui blanchissait les teints brunis. Les hommes, aux visages cuivrés, dans des *tchouba* de feutre dont les manches avalaient comiquement les mains pour les réchauffer. Ces chapeaux ronds, ces couleurs, ces cuirs, qui me rappelaient parfois l'Altiplano andin. Nous nous extasiions sur leurs rites alors que nous-mêmes accomplissions le nôtre. Voyaient-ils en nous ces novices de la vie, dont la maturité passait par un grand voyage, comme leurs jeunes joignaient leur première caravane ?

Tout était aveuglant, la terre gelée, l'immaculé sous le ciel azur et même le ciel de lait. Nous aspirions à un spectacle végétal, ne serait-ce que celui d'une fleur. Nous en admirions dans les intérieurs des Tibétains, trahis par la fumée des poêles et le maigre bétail qui nous guidait jusqu'à leurs corrals de terre séchée. Nous nous réchauffions le cœur aux teintes chaudes des *tangka*, nous contentant de chlorophylle en pigments représentant l'arbre de Bouddha. Les poutres des toitures étaient décorées d'éléphants peints et de tigres du Bengale, c'était un bout de jungle dans le désert glacé. Elles provenaient des lointaines vallées boisées du kham auxquelles nous aspirions avec l'arrivée de l'automne. Nos hôtes portaient à leurs fronts l'unique représentation que nous avions à leur présenter du dalaï-lama, réfugié dans la luxuriance de l'Inde.

Chaque fois, notre arrivée provoquait l'émeute, puis les femmes, arborant parfois ambre et agate, vaquaient à leurs tâches tandis que la gent masculine rejoignait les troupeaux. La meule écrasait l'orge. Les yacks attendaient la traite. Le chat du foyer, écartelé, traîné par la queue, était inlassablement poursuivi par la marmaille. Qu'y avait-il à contempler sinon de grands Européens en guenilles, perdus dans les hauts plateaux du Tibet septentrional ? Lorsque tombait le soir, froid comme l'envers d'une planète, un aîné octroyait les places. Les gamins se regroupaient sur les banquettes où leurs paupières tombaient aussitôt. Une femme austère les enveloppait d'une épaisse peau. Le sol se couvrait de tapis où s'allongeaient des corps fourbus. Il ne restait parfois plus une parcelle où poser la pointe du pied. Les discussions erratiques s'éteignaient et toujours, dans un recoin obscur, un très vieil homme nous berçait de mantras monotones.

Je n'oublierai jamais ces nuits-là, où les hommes se serraient dans l'obscurité étoilée. Le vent ne hurlait plus que derrière des murs. Enfin un toit qui soit plus bas que le ciel, enfin un monde plus intime que l'univers ! À quel point le regard a besoin de lisières ! J'ai toujours vénéré ces cocons où nous nous défendions de ces horizons trop profonds, où nous nous affranchissions de ces vastes dehors. Au cœur des ténèbres, chargés des litres de thé que nous avions absorbé, il fallait souvent longer à tâtons le tuyau encore tiède du poêle, évitant les têtes lourdement assoupies. Un loquet ouvrait alors en grinçant plaintivement sur le museau d'un yack aux larges cornes, et une voûte constellée de myriades. Un peu de fumée s'échappait encore au-dessus de la maisonnée. Le ciel était clair dans la nuit noire. Je pissais sous les étoiles et sur la gelée qui durcissait la terre. Les chiens-loups aux crocs luisant sous la lune se jetaient sans aboyer sur les étrons. Le monde était sauvage et la vie somptueuse.

En octobre, les bivouacs devinrent chaque fois plus délicats. L'hiver naissait autour de nous. Notre équipement succinct était émoussé et nous étions à bout de combustible. À l'horizon se dressait encore une forêt de sommets. Les Tibétains se faisaient en revanche moins rares. Nous faisions irruption sous les abris clos, soulevant un pan de grosse toile pour quémander un bol de soupe. Nous ne tenions que des conversations de grands-mères, ne parlions que de provisions, de nuages et de la couleur de l'azur. Il y eut le monastère de Tashi – combien de touristes aujourd'hui ? – et les flots salés du Namtso. Les lacs sont pour les Tibétains l'œil par lequel l'au-delà nous observe. Les déités se tenaient sans doute les côtes à la vue de notre situation. Nous tâtonnâmes vers 5 000 mètres, empêtrés dans des nuages aussi immaculés que la neige, fraîche, poudreuse. Elle mordait nos chairs mal chaussées et nous aveuglait lorsque les rayons déchiraient le couvert, sans nous montrer de col hypothétique et salvateur.

Le soir qui s'abattait sur un grand linceul blanc frigorifiait nos corps pénétrés jusqu'à la moelle. La magnificence du ciel s'empourprant sonna soudain comme un danger. Il fut brusquement question de survie devant des horizons bleuissant. Rebrousser vivement chemin jusqu'aux hauts alpages, racler une parcelle pour y collecter des bouses de yack et tenter de les consumer. Assembler cette tente aux arceaux brisés, se réfugier au plus profond de nos sacs de couchage plumés, emmitouflés de tout ce que nous possédions, recroquevillés sur ces étroits tapis de feutre. Les températures étaient en chute libre. Dans ma mémoire, un maigre feu fait fondre un soupçon de neige pour nos gosiers assoiffés. À côté de moi, l'amie qui m'accompagne soigne vainement ses chairs éclatées, fendues par les engelures qui lui servent aujourd'hui encore de souvenir.

Au point du jour, je tente en vain d'ouvrir les yeux sur l'aube glacée. Ils ont été brûlés par l'éblouissante ascension de la veille. Les alpinistes sont parfois touchés par cette ophtalmie des neiges qui cause une douleur aiguë au plus profond des orbites. Quelque part dans la démesure des plateaux du Tibet, je devins soudain presque aveugle, distinguant à peine les rochers sur lesquels je trébuchais. Je me fiais au murmure d'un ruisseau libéré par les premiers rayons pour cheminer. Nous m'avions bandé les yeux et c'est ainsi que je restai couché deux jours durant dans la tente des nomades qui nous avaient recueillis, tout ouïe, avalant goulûment du thé au beurre rance et mastiquant du yack cru.

Fronts pionniers

Ces mois de voyages me firent entrevoir l'éternité, comme on appelle parfois la profondeur abyssale du passé. La pérennité de ce mode de vie séculaire était-elle aussi improbable que la permanence de nos jeunesses ? Nous avions ramassé, entre les routes que Pékin traçait afin de désenclaver le Tibet et mieux le coloniser, les miettes du grand festin de l'exploration. Une exploration d'apothicaire, les lambeaux d'aventure qui échoyaient à notre génération. Les fronts pionniers grignotaient les vallées haut perchées. Des populations allogènes supplantaient les Tibétains, qu'on voyait errer gauchement dans les bourgades de défricheurs. Ils constataient le débarquement d'un progrès étranger sur leurs terres ancestrales, avant de s'éclipser sur des motos garnies de tapis, à cheval pour certains, dans l'antre paternel des plateaux.

Je croyais alors que le progrès était mauvais grimpeur, qu'il préférait le plat pays et les bords de mer. Il n'avait jamais dépassé les 10 000 pieds. C'était un dilettante en somme, le progrès. On ne le voyait guère de par l'Himalaya, le Karakorum et le Tian Shan. J'imaginais que les idéologies politiques faisaient des œdèmes du cerveau au-dessus de 3 000 mètres d'altitude, que les espaces infinis essoufflaient l'ardeur étatique. Le zèle des fonctionnaires ne souffrait pas le manque d'oxygène. L'empire colonial britannique lui-même n'avait-il pas renoncé à s'arroger le toit du monde ? D'autres temps que les nôtres.

Dans une certaine mesure, les montagnes titanesques freinaient l'élan des bulldozers. L'urgence allait à ces pistes irriguant l'Asie centrale et le sous-continent indien, à ces lacets menant aux garnisons solitaires. Pékin se projetait au-delà du vide, au contact de l'Inde, du Népal, de l'Afghanistan ou du Tadjikistan. La Chine érigeait des bornes aux confins de l'Eurasie, parachutant ses gardes et ses chars dont les chenilles soulevaient des colonnes de poussière.

Une armée de cantonniers militaires rabotait les montagnes. L'État central ne surveillait rien mieux que ces lointaines marges, afin d'ancrer dans la géographie politique du XXIe siècle l'union fatale d'une princesse chinoise avec un roi tibétain, quelque part au VIIIe.

Dans l'impitoyable hiérarchie de la société lamaïque, les nomades occupaient le bas de l'échelle, loin des élites méridionales. On raconte qu'avec l'annexion du Tibet par l'Armée populaire de libération, quelques-uns ruinèrent eux-mêmes leurs rares monastères. La rhétorique de la révolution culturelle dressait les éleveurs de yacks contre les bonzes oppresseurs. La dictature du prolétariat rattrapait l'éternité des pasteurs. Le communisme ne suffoque jamais, pas même sur ces hauts plateaux du Nord encore voués à l'idolâtrie bön. On y mêlait culte de la nature et adoration d'anciennes divinités greffées au panthéon bouddhiste. C'était avant le Grand Bond en avant. Je n'ai pas oublié ces moinillons récitant distraitement leurs mantras sous des portraits de Mao et des affiches de Deng Xiaoping. Ils ne s'interrompaient que le temps d'un « *Tashi delek* » pour nous saluer, tournant au passage un feuillet xylographié.

Était-il « agéographique », ce progrès, un élément troublant le décor figé de la nuit des temps ? Quelque chose qui n'irait pas avec le paysage ? Le Tibet tombait de son nuage immaculé. Le blanc et le silence ne peuvent qu'être entachés, ils sont l'étalon de la pureté. La Chine détruisait les confins d'empires. Le monde ne supporte plus les marges. Fractionné en États, il exige la finesse d'une lame en matière de maillage. Les *frontiers* sont devenues des frontières. À l'intérieur de ces carcans politiques, on étale la nation en lissant, comme un enfant uniformise une case de coloriage. Les marches, les *inner lines*, les zones tribales, le flou en quelque sorte, appartiennent au passé.

Je suis revenu au Tibet, plusieurs fois. Clandestin dans les camions qui s'élancent depuis Kashgar ou Golmud. Nous contournions les checkpoints à pied, nous dissimulant à peine, ou les franchissions dans des véhicules aux vitres teintées, cachés par des Chinois que nous rémunérions. Des poids-lourds nous embarquaient, parfois pour rien, souvent pour une poignée de yuans. Nous nous dissimulions derrière les sièges, sur l'étroite banquette destinée au repos des chauffeurs, recroquevillés tandis que les moteurs peinaient dans l'ascension des cols. Les Chinois coupaient le contact pour dévaler les lacets, dans le crissement des roues et les gémissements de la pédale torturée par un pied nerveux. Partout s'ouvraient des précipices, des gorges, des abysses vers lesquels tendait l'inertie des remorques. La nuit, on ne distinguait que la piste à la lueur des phares. Les cabines truffées de babioles, enfumées et à l'air vicié, résonnaient d'interjections en mandarin.

Les chaussées de terre battue étaient creusées d'ornières ou effondrées par endroits. Les camions s'aventuraient en dehors du tracé, sur la steppe d'altitude. Certains se couchaient sur le flanc, d'autres restaient prisonniers de fondrières. J'ai vu des citernes en feu illuminer la ténèbre et des embouteillages de plusieurs jours patienter derrière les brasiers. On demeurait dans les cabines chauffées par les moteurs qui ronronnaient, attendant la fin des incendies ou que la voie soit remblayée. Chaque portière ouverte invitait un air froid qui enserrait les crânes. Plus loin, une colonie de vautours dépeçait une bête crevée en travers du passage. Des chauffeurs pressés tentaient de déplacer la carcasse sous la menace des rapaces.

Le colossal chantier du futur train vers Lhassa dressait ses premiers tronçons le long de la piste. Piles de ponts vertigineux, rails sur pilotis, qui devaient franchir les plus hautes passes, au-delà de 5 000 mètres. La voie ferrée est désormais exploitée, mais alors des usines éphémères produisaient les tabliers des centaines d'ouvrages. Des vallées entières étaient dédiées au chemin de fer du toit du monde. Les camions benne Dongfeng et une innombrable main-d'œuvre convergeaient vers les sites. Le Tibet, cerné de chaînes puissantes, enclavé dans sa forteresse, cédait. Pékin assimilait ses marges, Ouïghours, Mongols de Chine, Tibétains sinisés : le Far West chinois.

Combien m'ont fasciné les camps du Qinghai ou du Xizang. Des tentes rapiécées tendues sur des armatures en métal. Des hommes et des femmes, engoncés dans des surplus militaires en loques, armés de pelles et de pioches, se réchauffant autour de maigres braseros. Je n'ai jamais su s'il s'agissait d'authentiques cantonniers ou bien d'une main-d'œuvre corvéable et contrainte. Des couchettes s'alignaient le long d'une toile kaki mille fois raccommodée. Les poêles brûlaient du charbon noircissant l'atmosphère et un gros coffre en bois cadenassé renfermait quelques objets plus précieux. Je surprenais certains à chasser du petit gibier pour améliorer l'ordinaire. Les thés qu'on nous offrait n'étaient rien d'autre que trois feuilles plongées dans de l'eau bouillie.

Les visages hirsutes préservés de la poussière par des fichus étalaient du bitume fumant et remuaient des graviers. Je n'étais pas venu au Tibet pour ces travailleurs han, dépaysés sur le toit du monde. Il me semblait alors que j'aurais dû leur tenir rigueur d'œuvrer ainsi à l'agonie du Tibet chéri de l'Occident. Mais on nous offrait un bol de nouilles dans une hospitalité sincère et des sourires par poignées. Je découvrais qu'on pouvait condamner une politique tout en ressentant une profonde empathie pour ceux qui la servent. La pauvreté n'a pas de conscience. Quant au développement dont j'étais le rejeton et que je tentais désespérément de semer en m'enfuyant au bout de la Terre, fallait-il vraiment le déplorer ?

Les routiers effectuaient des haltes, dans des gargotes esseulées et maculées de poisse. Un capharnaüm de gadgets et quantité d'alcool de riz pesaient sur les étagères. Des statuettes de Mao encadraient les télévisions criardes. Seul le relent de tabac effaçait un peu l'odeur de friture qui emplissait les salles. Des tables souvent rondes, aux nappes grasses, réunissaient les clients piochant de leurs baguettes de bois dans les dizaines de plats jamais terminés. À la fin des repas, le gâchis était empaqueté pour la route ou bien jeté aux bâtards qui rôdaient dans le faisceau des phares. Les hommes fumaient un instant dans le froid mordant, puis un chauffeur criait le signal de départ en jetant son mégot dans une flaque. On grimpait prestement dans les cabines, un pied sur les énormes pneus.

Des centaines de milliers de pauvres hères avaient été envoyés dans les bourgades du Tibet, à coups d'exemptions fiscales ou sur la promesse de bons salaires. Des colons, installés au hasard des destins, soldats d'une ouverture forcée. La modernité est pour nous quelque chose comme le passé immédiat. Elle était encore dans ces parages la lumière d'une étoile lointaine nommée Pékin. La propagande de 1959, d'ailleurs, ne parlait pas autrement de Mao, le « Soleil rouge ».

Nous avions été recueillis lors du tout premier voyage, dans un providentiel camp de géologues. Cela, nous ne l'avions compris qu'après qu'ils eurent tracé des symboles chimiques et toute la table de Mendeleïev sur des gravillons. Nous errions depuis quelques jours par des cols qui avaient tout de sommets et voilà que nous tombions nez à nez avec des éclaireurs du progrès. Une brigade de Chinois et de Tibétains prospectait les plateaux vierges de toute extraction, dans le plus complet isolement. C'était la fête de la Lune, l'automne déjà. Les rasades d'alcool de riz étaient versées dans des éprouvettes graduées et nous trinquions à des causes intraduisibles. Affamés, nous avions pillé le petit festin disposé sur une cagette renversée, nous escrimant de nos baguettes.

Les Tibétains buvaient avec parcimonie. L'un d'eux se prénommait Nima, « Soleil » avait-il précisé dans un anglais hésitant. Ce n'était pas un nom ça, Soleil ! On aurait dit le sobriquet officiel d'un despote nord-coréen. Nima appartenait pourtant au camp des opprimés. Durant tout le banquet, je lui donnais du *toudjéché* pour le remercier, à la manière des routards niaiseux qui connaissent trois mots du vocable autochtone. Il me répondait par des coups de genou sous la table pour signifier de parler plutôt mandarin. En face de nous, le chef, un Chinois replet, avalait des éprouvettes à la chaîne. Ce ne fut que sur sa carcasse ivre morte, que Soleil prit un ton grave : « Ces occupants... », dit-il.

Nima suivait un cursus dans une université du Gansu. Il s'était trouvé une raison de collaborer au progrès : « Développer le Tibet pour mieux l'affranchir. » Des routes, des filons, des cités avec des immeubles en verre. Sortir le Tibet du Moyen Âge. L'émanciper de la tutelle chinoise. Nima voyait quelque chose comme un espoir dans les plans quinquennaux du Xizang. Je tombais de sommeil. Dehors, la neige s'abattait à gros flocons. L'engin tout-terrain des géologues était embourbé dans le torrent qui grondait. Il n'y avait de lumière que dans le ciel, l'air était d'une pureté sans égale et tout respirait la paix, perdus que nous étions sur cette Terre. Je me demandais si un jour prochain, en ces lieux si reculés, des tractopelles viendraient creuser une carrière ; si la poésie disparaîtrait avec les mondes d'antan, dans une conspiration « contre toute espèce de vie intérieure », ainsi que l'écrivait Bernanos. Puis je me remémorais des vers de Maïakovski chantant le labeur prolétaire au fond des filons. La beauté se planque partout à qui sait la voir. Lorsque la marche du monde m'interroge de sa toute-puissance, je réponds sans vergogne que je suis d'accord avec elle.

Le lendemain, alors que nous étions repartis sous une neige mouillée qui nous trempait jusqu'aux os, était apparue une bourgade austère et sombre, nichée dans une vallée au thalweg tracé par une puissante rivière. Ou plutôt deux bourgades, l'une, composée d'édifices solennels, dominait une ville basse et périphérique, à l'architecture tibétaine. Sur la carte, ce bourg se nommait Nyemrong. Des haut-parleurs inondaient les rues en terre d'une tonalité pénible, à consonance agressive et aux accents de propagande. Parvenus là sans autorisation, par les cols, nous n'avions pas fait long feu dans cette étrange localité qui n'avait peut-être jamais vu d'étrangers. Un policier nous avait arrêtés alors que nous cherchions à remplir nos sacs à dos de provisions pour les dix prochains jours.

Il portait un gilet en cuir et une arme à la ceinture, qui lui donnaient d'authentiques airs de limier. J'avais été immédiatement frappé par son faciès eurasiatique d'homme des plateaux. C'était un Tibétain. Il avait ameuté toute la milice du coin et nous nous étions promptement retrouvés au commissariat central, face à une hiérarchie entièrement han qui nous avait accueillis sans hargne, mais dans un climat de profonde suspicion. L'instituteur du village avait été réquisitionné sur-le-champ pour traduire consécutivement nos déclarations. C'était pour lui une occasion inespérée de pratiquer l'anglais. Dans un restaurant à la construction inachevée, on nous avait offert un bol de riz. À côté, des joueurs désœuvrés poussaient des boules de billard à travers un épais nuage de tabac.

Après nous avoir transférés vers un chef-lieu nommé Nagchu, à une demi-journée de voiture, on nous avait là-bas confisqué nos passeports dans des menaces et des injures. Un autre instituteur zélé introduisait chaque traduction d'un inénarrable : « *Our captain said...* » Et que disait leur capitaine ? Que nous étions de sales espions. Lui et ses sbires hurlaient en nous bousculant furieusement de leur stature râblée. Je crus chaque fois que nous serions passés proprement à tabac, mais ils quittaient la pièce, nous laissant interloqués avant de revenir de plus belle. Ils exigeaient un bakchich assez raisonnable. Cependant aucun distributeur dans ces cités pionnières n'acceptait nos cartes d'étudiants fauchés. Pour nous consoler, nous nous remémorions l'expédition de Nikolaï Prjevalski en 1880, contraint à renoncer à vingt kilomètres de Nagchu. La ville était alors composée de quelques masures d'argile, tandis qu'elle emplissait désormais allègrement la vallée et se dotait d'une gare pompeuse comme un discours de Premier secrétaire.

Un jeune citadin de Shanghai, explorant en compagnie de sa fiancée son propre pays, nous offrit ce soir-là une chambre d'hôtel. Ce bienfaiteur tombait à propos. Nous nous étions confondus en *sye sye* et il nous avait encore tendu des gâteaux de lune et du chocolat. Sans doute faisions-nous bien peine à voir. Le lendemain, le capitaine était officiellement absent, pour ne pas perdre la face. Des secrétaires nous avaient remis nos passeports avec ordre de quitter le

Tibet. Nous avions filé à marche forcée d'où nous venions, vers les immensités et les reliefs, loin du maigre réseau routier et des bourgades fliquées. Il n'était pas question d'obtempérer. Mais aux portes de la ville, un militaire nous avait hélés avant de nous rejoindre d'un pas vif. Nous nous pensions repris à deux pas seulement de la liberté. Il désirait seulement prendre une photo à nos côtés.

Nous nous étions à nouveau enfoncés dans les hauts plateaux de l'Ü-Tsang, refuge contre l'administration chinoise dont l'influence s'étiolait à mesure de nos pas, et où le temps semblait, comme on dit si souvent, figé. Mais plusieurs semaines plus tard à Lhassa, le Graal, nous trouvâmes la capitale du Tibet sinisée et pimpante. Des avenues noires de foules, de bazars, de centres commerciaux, des vendeuses de téléphones moulées dans des robes rose bonbon. Je m'étais dit qu'entre le Tibet en exil et celui-ci se creusait un incomblable fossé.

D'ordinaire, les gens sont du passé ou de l'avenir, ils professent l'un ou l'autre tout en conspuant le second. Pour moi, je n'ai jamais su que penser de cet essor généralisé et il m'est souvent arrivé d'écouter avidement ceux qui ont connu la Terre sous un avatar plus énigmatique. Ce n'est pas pour leur jugement, dont ils croient qu'il est aussi sûr que leurs rides. Non, c'est que, durant le bon temps de leur paradis, j'étais à l'école. Je récitais mes leçons – et bon élève encore – alors qu'ils défrichaient les nuits de la géographie et soulevaient les poussières des mondes, avant la serpillière de la globalisation.

J'en ai croisé, des bougres hâlés et chargés d'anecdotes, affables la plupart du temps, secrètement satisfaits de leur date de naissance. Les plus obstinés ressemblaient à des fauves traqués par le développement rampant. Ils s'enfonçaient dans les recoins de l'univers, dans la pénombre du monde, à mesure que reculaient les lisières jusque chez les « malgré nous » de la mondialisation. Un beau jour, ils se retrouvaient acculés à des frontières s'ouvrant de tous côtés, comme si le sol se dérobait. Certains répétaient désespérément ne pas être des touristes. C'était la seule chose sur laquelle ils avaient planché pendant toutes ces années : leur statut social loin de leur société.

Je me souviens de l'un d'entre eux, rattrapé par les tentacules du siècle, au fin fond de l'Asie. Son crâne était raviné par un déluge d'années. Le soleil de plomb de l'Oustiourt, du Namib ou du Kyzylkoum avait séché le désastre comme une vieille brique. Il avait vu tellement de lumière que, lorsqu'il fermait les yeux, sa caboche devait s'en trouver encore tout illuminée. Il rendait ce dont le monde l'avait gavé comme une oie. Il y a des gens comme des buvards et d'autres qui recrachent leurs larmes, leurs cris, leurs ébats. Il y en a qui dansent et d'autres qui absorbent la musique, en buvant au bar. Celui-là débitait ses souvenirs sans qu'on l'ait même sonné, un bric-à-brac d'historiettes prodigieuses, jamais rangées, jamais ordonnées. Il était d'une autre génération comme d'un autre monde. Il avait condamné cent fois l'avenir par contumace.

Je ne sais plus son nom et qu'importe, est-ce de lui qu'il s'agissait ou bien d'une époque ? Il y a quelque chose d'irrémédiablement révolu dans ces témoignages qui ne jurent que par l'âge de l'aventure. Des vieux briscards qui disaient à mes premiers départs « à quoi bon ! », qu'alors... « certainement ! Mais qu'aujourd'hui... » On parvenait en quelques heures d'asphalte là où ils avaient trimé quinze jours sur des sentes périlleuses, deux décennies auparavant. Les infrastructures réduisaient leurs exploits à néant, le progrès violait le domaine de leurs souvenirs, engloutis sous le bitume.

Quinze ans après mes voyages au Tibet, il se passe qu'on peut s'y rendre en wagon pressurisé. À mon tour de chérir ces réminiscences qui sont autant celles d'une contrée que d'un temps enfui. Et de se tarauder : le passé est-il une terre escarpée et nébuleuse tandis que le futur immédiat serait un plat pays ?

Lecture du livre du monde

À Luang Prabang, il aurait fallu venir dix ans plus tôt. À La Paz les jeux sont faits. À Iguazu nous sommes des milliers. Je suis un voyageur en retard. Partout on m'a déclaré « si vous aviez vu alors ! » dans des soupirs satisfaits de nostalgie. Ma génération en dira peut-être autant de l'époque que l'on vit et je n'ose imaginer à quoi ressemblera la planète. À Bali, à Darhamsala, à Paris même, l'affluence noie les lieux sous une marée qui ne décroît qu'avec les hivers sombres ou les calamités. Elle saccage le quotidien. Certains lieux accueillent plus de visiteurs qu'ils n'hébergent d'habitants, reclus, inaperçus, portés disparus. On ne choisit pas la fadeur de son siècle. On aurait préféré porter la démocratie sur les barricades plutôt que l'utiliser le dimanche aux élections. On aurait aimé jouer les précurseurs aux antipodes et dans les labyrinthes des cités perdues. On aurait voulu faire de la « géographie primaire », comme disent les professeurs d'université, le degré zéro de la description de la Terre. Trop tard, l'exotisme a reculé jusqu'aux pôles, ne laissant que des terres brûlées.

Homo sapiens turisticus est un bipède cérébral et presque glabre qui s'est mis à sillonner frénétiquement sa planète. Les facilités infrastructurelles nous parachutent pour quelques jours, voire une poignée d'heures, en des sites supposés enchanteurs. Nous nous sommes mis à regarder le monde en vitrine, dans un décor sans envers, sans trop s'y mouiller. Le territoire des touristes que nous sommes est une myriade de ghettos, qui sont du pareil au même. On valide ses tribulations par des clichés codifiés, voyant pour avoir vu. On colle au mythe en glissant sur le monde. Incroyable superficialité de ces visites-là, à Dubrovnik, cimetière des rêves, cité muséifiée par la multitude, comme la lave a pétrifié Pompéi. J'ai vécu cela en Crète, à Florence, à Istanbul. La géographie originelle y est corrompue, l'altérité singée, le voyage dénaturé.

Qu'on le veuille ou non, le tourisme est un voyage galvaudé, une razzia allogène balayant toute trace d'existence locale. Il proscrit la rencontre et folklorise le dépaysement. Il ne peut s'immerger dans les lieux qu'il submerge. L'essaim des vacanciers redessine le paysage en imposant ses standards de villégiature. Le tourisme édicte ses propres normes, il commande à l'architecture comme à l'achalandage des boutiques. Il tord la réalité, la pousse aux artifices pour la rapprocher de ses fantasmes. Dictature d'une esthétique de l'enchantement, village Potemkine du pittoresque. Il est un pouvoir malgré lui, gouvernant sur un archipel où l'authentique s'avère toujours artificiel et moulé à son goût. Il se le dédie à lui-même, corps et âme dans des séjours à l'eau de rose. Il habille ses destinations élues pour des voyages de mascarade. Il se moque du monde.

Le mot « tourisme » provient de ces longs itinéraires européens que se devait d'emprunter la relève aristocratique, notamment anglaise. Au XVIIIe siècle, on appelait cela le « grand tour », un trajet convenu, avec ses variantes et ses petites libertés. Byron ou Dumas ont pointé aux étapes immanquables de cette vaste tournée, en Italie surtout. À l'époque, l'ailleurs se trouvait bêtement de l'autre côté de la Manche, du Rhin ou des Alpes avant de reculer vers l'orient, Constantinople et l'Égypte. La jeunesse dorée fréquentait les universités étrangères, ce tour ritualisé devenait l'ordinaire d'une existence bien ordonnée, se normalisait dans les cursus, et les Allemands nommaient ces pérégrinations d'un révélateur *Welterfahren*, l'« expérience du monde ».

L'étymologie dit tout du tourisme, voire du voyage. Il est un « tour », un circuit mimétique, un parcours formaté. Les itinéraires sont de nos jours légion, ils varient avec l'engouement, la géopolitique ou les simples saisons. Mais partout le tourisme reste balisé, un pèlerinage des hauts lieux de la Terre et de l'humanité, un sentier aussi battu que somptueux. Qu'on soit croisiériste ou routard, les navigations et les guides conduisent aux mêmes merveilles, aux mêmes murailles, aux mêmes auberges et jusqu'aux mêmes bars. Les étapes et les routes diffèrent selon les âges et les aspirations avant de se croiser en des lieux que nul n'est en droit d'ignorer. Quelle aura faut-il à ces vestiges pour irradier malgré tout encore un peu de souffle et de sacré ! J'ai aimé Rome, écrasée par son passé, où les croix chrétiennes trônent comme des victoires sur les ruines païennes, où la ville entière semble peser plus lourd que toute espèce d'avenir. Parfois je me dis que le voyage lui-même est devenu un vestige. Le tourisme est la géographie de l'histoire. Dire qu'il fut des hommes pour découvrir Angkor enlacé par la jungle.

Je me suis rendu à Ventiane, Pékin, Lisbonne. Dans les yeux des conservateurs de ruines, des dames commerçant leurs vieilleries, des serveurs saisonniers, je n'ai jamais vu que le reflet d'un visiteur lambda, pareil à mille autres : moi. Le tourisme est l'écho de notre multitude, la rupture d'un équilibre par le surnombre. Il est aussi profondément injuste. Certaines destinations sont élues, touchées par la grâce de la Création, la folie des hommes, ou plus prosaïquement promues. La vogue ne concerne pas que les collections de robes, la mercatique s'occupe aussi de notre exotisme. Le tourisme, est un rêve grégaire, le marketing du territoire.

Nous voudrions tous qu'il en aille autrement. Il est naturel que chacun veuille admirer l'armée de terre cuite et les pyramides d'Égypte. Or, le voyage y est devenu impraticable. La seule chose que j'ai pu faire pour mon amour-propre, c'est de tenter de me fondre un tant soit peu dans le décor. Pourquoi s'habillerait-on autrement ailleurs ? Personne ne se promène chez lui à la mode ergonomique coiffé d'un couvre-chef ethnique, alliant l'authentique fantasmé au dernier cri technique. Il suffit en vérité de s'accoutrer comme n'importe quel péquin, avec un jean et un tee-shirt *made in Pakistan*. Il n'est plus compliqué le camouflage de nos jours. Il n'y a plus que nos gueules. Avec elles, on est plus en peine. On a trop l'air de ce que l'on est, cherchant à la jumelle les miettes des mythes qu'on nous a refourgués.

J'ai un jour croisé la route d'une fille qui s'obstinait à porter dans son sac des chaussures à talons et pouvait arborer à n'importe quel instant des lèvres rouges comme du pavot. Elle ne confondait pas les sentes des forêts avec les podiums des défilés de mode, non, elle tenait à se vêtir en harmonie avec l'endroit – la Russie –, opérant sa métamorphose en entrant dans les villes, afin de s'y sentir citadine. Peut-être que le voyage commence par cela, une certaine discrétion, une fusion, l'anonymat s'il est possible. Le voyage est une affaire de pondération, dans le nombre d'individus comme dans l'excentricité.

Éviter les incontournables, les tropismes communs, Ushuaïa, la vallée du Khumbu, que sais-je, tout ce qui est désormais à la géographie ce que Louis XIV ou Napoléon ont été à l'histoire. L'espace a ses hauts lieux autant que le passé ses grandes figures. Les aventuriers privilégient une toponymie onirique. Traverser le Sahara, ça force l'admiration. Les Saïans, cela excite beaucoup moins l'imaginaire des foules. Il faut tracer des perpendiculaires aux circuits des superlatifs, ne pas s'émouvoir à l'unisson de ses pareils. Peut-être que ce voyage-là est l'enfer du tourisme mais parfois, dans le clair-obscur des représentations mentales, il m'a semblé que j'avais atteint la plénitude du vagabond ; par les lacunes de l'horizon de mes semblables, dans des parages jugés sans atours et sans fard, par la partie du puzzle dont les gens ont perdu les pièces. Et quand ils les retrouvent, ils les enfoncent d'un bon coup de poing pour qu'elles s'emboîtent malgré les insurrections et les chambardements.

Je suis parvenu jusqu'à des villages où les gens s'étonnaient que je ne sois pas plutôt à la ville voisine. Ailleurs, les habitants étaient frappés de stupeur que j'aie jeté mon dévolu sur leur pays. Il n'y avait rien à voir ici. J'ai fait mes plus belles échappées à l'ombre des mammouths du voyage, vers les noms tabous des agences, dans le blanc des cartes touristiques, dans le trou noir des relations de comptoir. L'inconnu n'est plus, l'oubli régnera toujours. Les feux de la rampe laissent des pénombres immenses et profondes. Le touriste redevient voyageur lorsqu'il ne s'adonne plus au « tour », qu'il ne suit plus les circuits des magazines de salle d'attente, les *posts* des réseaux sociaux ou la grande braderie des billets à bas coûts. Lorsqu'on est sevré de tout cela, il faut mettre le cap sur les territoires vierges de publicité, libres de repères.

Si le voyage est la découverte de l'*autrement*, la globalisation l'accule aux marges et cela n'a pas forcément à voir avec les bouts de la Terre. Les civilisations antiques se trouvaient assiégées par la nature primitive. La nôtre, hors-sol, l'emprisonne dans un archipel de parcs dédiés, soupape de sauvage décompressant le citadin écœuré de l'urbain. La Création cicatrise sous protection juridique dans les sanctuaires d'une humanité à nouveau animiste et dévote de l'écologisme. Les réserves sont devenues des antidotes aux artifices contemporains. Il y en a même de ciel étoilé. Est-ce alors que la fin du monde se trouve désormais au bout d'un parking, derrière des barbelés et une signalétique de pictogrammes montrant des cabots en laisse et des tentes tipis barrées d'un trait rouge pour « camping interdit » ? Certains confins du globe sont mieux domptés que les banlieues anarchiques de mégalopoles difformes, mieux intégrés que certains États africains. Il faut se défier des égéries de la planète.

C'est la géographie qui m'a sauvé. La « description de la Terre », comme le susurre l'étymologie grecque. Il faut lire son époque dans les lignes du monde, en ravalant ses envies d'hier. Au chant du cygne, il faut opposer la saveur, amère parfois, des métamorphoses. Le monde est fini, certes, mais il n'est pas figé. Il a changé de fond en comble. C'est la géographie qui m'a obligé à regarder les choses bien en face, pour faire parler les paysages les moins romantiques dans des clichés sans art. Bannir l'abstraction, ne pas abuser ses pupilles. C'est la géographie qui m'a appris à prendre acte de la réalité et non la fantasmer dans un anachronisme ambulant. C'est elle aussi qui m'a donné des raisons d'aller partout, vers des destinations élues comme les territoires qu'on suppose les plus fades.

« Le divers décroît », écrivait avec intuition Segalen. J'ai lu un jour qu'il n'en était rien au prétexte que les lave-linge chinois ne rencontreraient pas de succès en Corée et que le mode d'administration des suppositoires varierait selon les pays. L'auteur aurait pu ajouter que, en Terre de Baffin, une blonde Canadienne réinculque aux Inuits amnésiques et désœuvrés leurs arts séculiers. Que la Thaïlande est dotée d'un ministère royal de la Pluie, la Russie d'un ministère fédéral des Situations extrêmes, les Philippines d'un ministère des Marins expatriés et l'Inde de ministères du Yoga ou des Affaires tribales. L'organisation des États en dit parfois long sur les défis de leurs pays, sur l'humain qui grouille. Cela n'empêche pas le paysage de se standardiser. Le développement est toujours au singulier, il n'y en a pas plusieurs. Pour en revenir au tourisme, passé l'effarement, l'âme un peu engourdie, je n'ai trouvé d'autre intérêt dans ces destinations élues que le tourisme lui-même. Il appartient à notre siècle. J'ai un jour fait partie d'un groupe de Chinois au lac céleste de Tianchi. Ce n'était plus les eaux dans leur écrin de cimes blanches qui m'intéressaient, mais plutôt cette société de citadins moyens à la découverte de son propre pays. Il ne sert à rien de prendre la marche du monde à contrepied ou de se retirer dans une cabane d'ermite au fond des bois ainsi que le prônait déjà Tolstoï au XIXe siècle. Il faut regarder le monde en face, droit dans les yeux. Ou bien l'on ne pratique pas le voyage, car c'est l'ailleurs et non le passé qui en forme l'objet.

Les hommes ont reconnu le globe et ils ne cessent de recommencer. La vie elle-même est un sentier envahi d'herbes folles que chacun défriche à son passage. Le voyage consiste en une mise à jour de la géographie. Il s'étonne désormais que lorsque Alep est sous les bombes son savon soit encore disponible dans les rayons du supermarché mondialisé. La Terre est cruellement désenchantée, les sources alors mystérieuses des grands fleuves sont mises en bouteille. Les sésames pour les royaumes qui se referment comme des coquillages s'achètent au guichet. Il faut partir malgré tout. On n'explore plus le monde, on explore *son* monde, son époque. Il faut partir, par les mégalopoles asphyxiées, il faut partir sur les routes en chantier, les mers encombrées. J'ai des souvenirs effrayants de Shanghai ou de Bangkok, seul sur une bicyclette, un masque crasseux de poussière sur la bouche et le nez, dans les nuées de deux roues pétaradant jusqu'à s'agglutiner devant les feux. Il faut partir aussi, à pas de loup, sur les océans houleux, dans les ultimes sanctuaires, savourer les derniers refuges du sauvage.

La Terre offre d'autres traits. Les dépeindre est un travail quotidien. Je me suis toujours rattrapé aux branches de la lecture du monde. Je m'étais vu explorateur, au temps du bureau des Longitudes à l'intitulé si extraordinaire. Je suis devenu un simple voyageur emporté par la vitesse des transports, autour d'une planète rétrécie et uniformisée sous l'hégémonie des plus forts. Je n'en suis pas moins comblé, je ne me suis même jamais véritablement senti floué par l'époque. C'est dans ce monde-là que je me suis plongé la tête la première, pour feuilleter les pages de l'humanité dissemblable ou clonée, déchiffrer les sociétés en éruption et disséquer les pays anesthésiés. Voilà tout le voyage aujourd'hui. Lire le monde, partout, quel que soit ce qu'il nous raconte, observer les yeux grands ouverts. Le regard : la vraie définition du voyage.

Jusqu'à mes dix-huit ans, j'ai écrit et reçu des lettres manuscrites tout en rêvant sur des cartes de papier et dans des livres aux couvertures cartonnées. Ma génération est la dernière à avoir grandi hors la numérisation de tout instant. Nos esprits se forgeaient à l'aube de la grande révolution de la transmission. On dégaine désormais un téléphone pour trouver un lit qu'alors – et c'était il y a dix ans seulement – on cherchait à travers toute la ville, demandant son chemin et dénichant des adresses périmées depuis des lustres. Les nouvelles technologies ont sonné le glas de l'imprévu et la disparition des péripéties minuscules. Le voyage se lisse, le quotidien se polit d'autant que les combines de débrouillards sont balayées par l'informatisation des administrations. Tricher demande désormais de se faire pirate sur des mers virtuelles. On ne peut même plus rattraper au stylo noir, dans une application scolaire, les dates mentionnées sur des visas manuscrits. Dans l'obscurité des dortoirs muets, ne brillent désormais que les lucioles des écrans. On n'y voit plus de lampes de poche éclairant des pages blanches noircies de poésie.

Partir, c'est aussi faire acte de résistance au virtuel qui prétend remédier au déficit de fortuit, en « augmentant » la réalité. Le sédentaire éprouvera bientôt plus de sensations dans son voyage déraciné que le pèlerin seul avec ses chimères irréelles. Il supplantera par une fiction en trois dimensions cette bonne vieille Terre. Bientôt le télévoyage sur console, comme le télétravail et la cyberguerre. Mieux vaut encore ces antihéros que sont nos avatars touristiques. On a récemment tenté de m'abuser sur un rameur, en m'affublant d'un casque de réalité virtuelle. Assis lourdement sur la terre ferme du 13e arrondissement, je me suis soudain mis à souquer par l'océan glacial Antarctique, tanguant entre les icebergs dans un décor numérique proprement stupéfiant de vérité. Mon cerveau était lâchement dupe de l'illusion en trois dimensions. Il se délectait des phoques repus et avachis sur la banquise, des colonies de manchots empereurs et… des ours polaires ! Là, j'ai arraché aussitôt le casque pour le rendre au personnel du cinéma, éberlué de ma déception. « C'est que, leur ai-je expliqué, il n'y a jamais eu d'ours blancs au pôle Sud ! »

Contre les univers parallèles, il faut partir. Même si nous éprouvons des sentiments contraires, une ambivalence quant au siècle. On n'apprend pas des voyages des autres, encore moins de ceux concoctés par les logiciels. Il faut embarquer soi-même sur le bateau ivre de l'humanité. Il faut danser le ballet funambule des peuples, collectionner les spasmes du monde, s'étonner ou hocher la tête dans un rictus. Il faut laisser des interstices au temps et à l'espace, au contraire de l'immédiateté et des condensés euphoriques. Il faut partir pour cesser de subir les images, braquer soi-même son regard. Il faut partir pour sortir des écrans dont nous aurons, quoi qu'il arrive, une abondante expérience.

Qu'est-ce que le voyage ? Ce qui sépare le rêve de la réalité, pour le pire et pour le meilleur. Se faire transparent, ne déranger en rien l'ordre et les us, se disperser en mille solitudes, s'engager dans les territoires, opérer une fouille multidisciplinaire, être l'œil et la conscience, une saine curiosité comme seul moteur. J'ai trop croisé de ces baroudeurs qui, non contents de n'avoir aucune réponse, ne se posent même pas de questions. Il faut, sans être en rien spécialiste, se maintenir en toute chose instruit, se livrer à un vagabondage érudit et donner des nouvelles de l'ailleurs. Être le veilleur de la Terre, lucide. Rassembler le gai savoir géographique.

Montagnes, bouts du monde

Longtemps je n'ai connu de mers que de nuages, cotonneux paradis, immaculés et sages. Les plus hautes cimes ainsi que des récifs émergeaient de nuées recouvrant les abysses. Les vallées restaient coiffées de ciels bas et lourds. Nous les toisions depuis les clairières qui découvraient l'éther, par les trouées qui illuminaient le bas monde. Nous allions sur l'écume des brumes, sur des esquifs de granit et des nervures de glace. Vertigineuses montagnes, qui nous portaient jusque dans le ciel. Longtemps je n'ai connu de mers que de nuages. Nous voguions par ces flots filandreux, d'arêtes en sommets, de pics en éperons. Un archipel d'altitude, un océan divin. Pourquoi les copains allaient sans cesse conter fleurette sur les côtes et les plages, tandis que nous nous hissions âprement vers le firmament ?

C'est d'abord dans nos Alpes que j'ai usé mes semelles avant de, plus tard, prendre le large. Grimpeur médiocre, piètre embrasseur de granit mais marcheur habile aux jambes se jouant des pierriers les plus chaotiques, la montagne m'est devenue très tôt un bastion. J'ai des souvenirs d'elle de par le monde. L'océan vertical de ces neiges sans âge qu'on appelle éternelles et les pans ocre de pierre étaient mon mal, ma rage et ma citadelle. J'y ai connu des déboires et des courses éthérées. La montagne m'a toujours été un milieu familier. C'est pour la retrouver sous d'autres longitudes et d'autres cieux que je me suis mis à voyager. Sans la promesse de ces cimes exotiques, il est probable que je n'aurais guère franchi de frontières.

J'ai vingt ans très exactement, je remonte en solo le linceul de la face nord de la Grande Casse. Quelques sueurs froides, cramponné à mes deux piolets droits, sous les corniches de l'arête sommitale. Le vent qui arrache à la crête des flocons dans un petit tourbillon. Quelle est cette force d'attraction inversée qui soulève les alpinistes au-dessus des tombeaux de glace ? Même alors, je n'ignorais pas le sens de cette ascension incertaine. Ne pas trop décevoir le gamin qui émoussait ses rêves sur ces montagnes trop ardues. Rite de passage intime.

Où se trouve la fin d'un monde tout entier reconnu ? Éternelles lunes de voyageurs ne regardant que la courbure de l'horizon – le galbe de la Terre. C'est pourtant vers le ciel bleuissant qu'il faut guetter les bornes du globe, dans l'axe de ces croix prolongeant les plus hautes cimes. La verticale est la seule perspective sans entrave. Le bout, c'est l'infini. Il y a du vertige dans l'abîme de l'azur, bien plus que dans le vide des parois. Au bord du monde, le gouffre s'ouvre du côté des étoiles. Le massif du Mont-Blanc abrite un refuge haut perché dénommé Les Cosmiques. Il était originellement dédié à l'étude des rayons qui traversent le vide interstellaire. Au passage des cols himalayens, des milliers de chevaux de vent laissent s'échapper des flots de prières silencieuses. Les alpinistes doivent promettre aux lamas bouddhistes de ne pas forcer les demeures des divinités courroucées. Dieu seul sait ce qui se passe là-haut, sur les antécimes de glace effilées, aux frontières de l'éther, aux confins du ciel et de la Terre.

Deux ans plus tard m'était venue l'idée romantique d'atteindre une cime vierge, au Pakistan, où la chaîne du Karakorum abrite une forêt d'éminences aussi immaculées que délaissées. Des pics culminant trop modestement sous les 7000 mètres ou l'archipel de l'inconnu au XXIe siècle. Nous étions une équipe un brin insouciante, renforcée d'un Italien pittoresque. Pour moins dépenser, nous avions supporté nos vestes d'altitude et nos lourdes chaussures dans la carlingue d'un avion convoyant des juilletistes au soleil. Nous avions volé via le golfe Persique, vêtus comme pour la conquête de l'Everest. La longue escale au Qatar nous avait vus accoutrés comme des cosmonautes sur une plage torride.

Le glacier du Biafo est un des plus longs de notre Terre. Nous avions remonté l'interminable langue bleuâtre, constellée de roches éboulées et zébrée de crevasses. Nous nous enfoncions dans le « troisième pôle ». L'altitude recrée les conditions du Grand Nord et de l'Extrême Sud. Elle rend les plus exubérantes latitudes stériles et minérales, les contrées les plus douces, inhospitalières. Les alentours foisonnaient de pics jamais gravis, souvent dénués de noms sur les cartes. De quoi se prendre pour un himalayiste des premiers jours. J'ai le désenchantement de naissance, et quand il s'efface, c'est que l'absolu et l'acmé rôdent dans les parages. Le Karakorum était somptueux.

Nous avions établi nos tentes sur un îlot rocheux. Notre refuge s'effritait au soleil éclaboussant les glaciers. Magie des camps de base où l'on préfère se prélasser sans plus prétendre à se hisser, tant habiter la montagne est un bonheur suffisant. Un matin, pourtant, en haut d'un abrupt couloir de glace nappée de neige, nous avions atteint une arête acérée qui nous surplombait. Il avait fallu creuser la corniche au piolet afin de se hisser sur son fil aérien. De là nous avions découvert que nous faisions fausse route. C'était tout le plaisir de cette entreprise, chercher la voie vers un sommet inviolé comme les premiers ascensionnistes avaient pu tâtonner. L'aube s'était évanouie depuis quelques heures déjà et les rayons dardaient. La désescalade s'annonçait délicate sur le linceul dégelé.

Quand on a vingt-deux ans, la mort est une rencontre impromptue, jamais un rendez-vous de longue date. On est dans la force de l'âge. Ce n'est pas elle qui risque de vous emporter mais plus sûrement la vie et la témérité. Je descendais en second, aussi précairement assuré que l'on peut parfois l'être dans l'exercice de l'alpinisme. Mon compagnon de cordée, un Pisan nommé Flaviano, perdait méthodiquement de l'altitude en dessous de moi. Il restait sagement face à la paroi et je ne peux m'expliquer l'absurde hardiesse qui me fit soudain, malgré l'inclinaison, me retourner vers le vide pour cramponner plus vivement. Flaviano me vit m'envoler et heurter plusieurs fois la glace entre des rochers saillants. Il résista à ma chute de plusieurs dizaines de mètres, farouchement agrippé à ses piolets, la corde passée sur l'avant-bras pour éviter d'être déshabillé de son baudrier. Un miracle.

Le Pakistan était en guerre larvée contre l'Inde sur les crêtes du Cachemire, où les frontières étatiques coïncident avec les confins de la Terre. Des soldats faisaient le coup de feu sur des arêtes aériennes, au glacier du Siachen. Ils survivent aujourd'hui encore dans des abris sordides et froids. J'ai suivi, lors d'une autre expédition, ce fil télégraphique courant entre les crevasses sur le chemin du Gasherbrum et du K2. C'était là toute la communication dont disposaient quelques unités, et les officiers quémandaient aux alpinistes de passage la permission d'utiliser leurs liaisons satellites. Ce sont ces mêmes militaires qui se portèrent à notre secours.

Naufragés dans la perpendiculaire des parois, nous entendîmes vers la fin de l'après-midi des rotors d'hélicoptères. Ils n'étaient munis d'aucun treuil pour nous extraire d'une vire où nous espérions des secours du ciel. Il fallut passer une nuit hivernale, vers 5 500 mètres d'altitude, harnachés dans nos sacs de couchage, à philosopher gauchement. Flaviano souffrait d'engelures naissantes et racontait entre deux jurons que deux ans auparavant, jour pour jour, il était tombé dans le coma par hydrocution dans un lac transalpin. Il avait erré quelques jours aux frontières de la vie et voyait dans cette coïncidence calendaire un signe de cette voûte étoilée que je contemplais, féerique et insondable. Elle se fichait pourtant de notre sort. Je hurlais de douleur sous l'Univers impavide et béant.

Je ne crois pas le lui avoir confié alors, mais le souvenir de son choc thermique me mettait du baume au cœur. Le plus indigeste dans ces mésaventures reste la sottise de leurs causes et la pluie de regrets qui tambourine des jours durant dans le crâne. Il est humain de se consoler avec les tuiles des autres, surtout celles d'un ancien de l'équipe de ski junior italienne. Par mon inconséquence et ma maladresse, il n'y aurait ni sommet, ni arête terminale sur une mer de nuages, ni sourires épuisés contemplant la Terre tout entière. Ascension annulée, rêve annihilé. Pour le reste, je revoyais les estropiés pakistanais exposant leurs membres amputés à travers tout le Baltistan. Je n'ignorais pas le drame sanitaire de ces contrées qui tient, entre autres, à l'inaccessibilité des hautes vallées. Mais nous venions d'Occident et étions couverts contre les fortunes de montagne par une mise de 35 euros, me souvient-il. Le sauvetage coûta mille fois exactement cette somme ridicule. Il n'y a pas d'hommes égaux, ni dans leur sort ni dans leurs songes.

Les pilotes de l'armée avaient promis de revenir nous cueillir le lendemain sur la platitude du glacier de Biafo que nous surplombions. Je glissais comme un corps-mort au bout de la corde que laissait filer mon cousin, tentant de protéger une jambe plusieurs fois fracturée. Il était monté nous rejoindre, seul dans la nuit. Il avait pris le relais d'un Flaviano congelé qui se lança ce jour-là dans une étrange course contre lui-même. Doutant des secours aériens, il prétendit rallier en une journée le village d'où nous étions montés en cinq étapes ! Il échoua, épuisé, au milieu d'une moraine, sous un bloc de granit en guise de toit, quelque part dans l'immensité, tandis que les hélicoptères revenaient enfin nous embarquer pour un vol vespéral et rasant de toute beauté. Grâce à ma chute, mon cousin fut rapatrié à temps pour l'obtention d'un diplôme qu'il avait envoyé au diable au profit de notre expédition. Tout guilleret de cette issue, il s'alcoolisa dans la première classe de la British Airlines où je cuvais ma morphine d'un hôpital d'Islamabad. Il est aujourd'hui au Brésil. Flaviano s'est lui engagé corps et âme pour l'écologie, au point d'être menacé par des multinationales en Amérique centrale. L'éternel départ.

Quant à moi, c'est ainsi que je fis mes premiers pas à l'Est, sur un pied. J'ignorais encore que j'y passerais une décennie d'exil volontaire. Pour l'heure, j'apprenais quelques rudiments de russe au hasard des rues pavées d'Odessa, dans le cosmopolitisme pontique de la Moldavanka aux grilles forgées ouvrant sur des cours envahies d'acacias, d'escaliers tordus et de chats ensauvagés. Le soir tard, nous migrions loin de ces vieilles pierres vers Arkadia, le quartier des noubas et des discothèques à ciel ouvert qui grignotaient les maigres grèves de la mer Noire, au gré de la corruption oligarchique. Les établissements nocturnes y cultivaient les racines grecques de la riviera ex-soviétique. Ils épousaient la forme d'amphithéâtres, proposant aux fêtards avinés des décors de colonnes en composite. Sur des piédestaux et des trônes, des danseuses sculptées et intouchables se trémoussaient lascivement, singeant divinement les modes d'Occident.

Les autres étudiants me volaient mes béquilles pour mieux apitoyer les filles. Sur la courte bande de sable, des couples allaient s'embrasser ou dessaouler dans les vagues et l'intimité de l'obscurité. Juste avant les aurores, légèrement ivres, nous jouions aux autos tamponneuses, dans lesquelles j'avais grand-peine à caser mon énorme plâtre, envahi du sable des mauvaises plages de la mer Noire. La police faisait la chasse aux étrangers pour leur soutirer quelques grivnas. Les taxis nous attendaient au bout de la nuit pour facturer le triple d'une course diurne. Quelques filles rebelles s'en offusquaient et présumaient des charmes de leurs sourires fatigués. Elles finissaient par abdiquer face aux chauffeurs inflexibles qui avaient fait métier du ramassage des noctambulistes. On rentrait, le regard un peu vide et flou en empruntant le boulevard des Français qui secouait de tous ses pavés une vieille Volga déjantée. La tête renversée sur la banquette crevée, on voyait les lumières des lampadaires danser. Les premiers tramways cahotaient déjà, convoyant de matinaux retraités et les travailleurs de l'aube. Le drame des aurores, lorsque, l'espace d'un instant, les insouciants croisent les petites gens.

C'est à Odessa que mon supplice prit fin, loin du Pakistan et des cimes du Karakorum. J'imaginais que le service d'orthopédie serait comble de longues jambes aux chevilles foulées, aux talons aiguilles brisés sur les pavés de la rue Deribasovskaya. Mais, le jour de la délivrance, je me retrouvai seul dans la salle vide d'un hôpital *made in USSR*. En découvrant mon boulet de résine, le chirurgien ukrainien déclara tristement que « seule la moitié du monde vit avec la science », et il s'échina à l'aide d'une énorme pince de garagiste. Je revis alors ma cheville blême, légèrement difforme et balafrée, qui fit bientôt ses premiers pas sur la terre de Sibérie.

Cent pays de solitude

C'est au pied des montagnes que j'ai découvert le voyage, dans l'anarchie des capitales du Sud, sur les routes battant les cartes du destin. J'étais venu pour l'érème, je trahissais pour l'écoumène. J'ai très vite laissé cordes et piolets dans les consignes des gares. D'autres vertiges, d'autres ivresses, d'autres visages que celui de la Terre : le monde, le siècle, l'homme ; et moi, soudain seul car il m'a toujours manqué des compagnons de bohème. Je n'ai jamais eu de grands frères du large. J'ai désespérément parcouru la route au singulier, dans des pérégrinations monacales. Le voyage m'était un plaisir solitaire et un bonheur difficile.

J'avais une peur bleue de mes rêves. Bleue comme le ciel, blême comme la chair. J'étais traversé de frissons rien qu'à planer au-dessus des planisphères. J'ai proposé des échappées en diable à des camarades, devant des verres sans alcool. Je ne buvais pas une goutte de ces breuvages, ne consommais rien qui générât des rêves factices. Je voulais vaciller depuis d'autres hauteurs que celles des tabourets de bar. Je ne comprenais pas que l'on puisse avoir autre chose à faire que d'embarquer pour le bout du monde. Comme si les horizons pouvaient passer après je ne sais quelle obligation fallacieuse. Comme si on pouvait préférer regarder flotter des glaçons dans un whisky en causant d'art contemporain, plutôt que les icebergs miroitants depuis le pont d'un cargo rouillé.

La plupart de ceux que le destin m'avait collés pour entourage n'aimaient pas les courants d'air. Ils voulaient bien visiter un peu, dans le confort que leur assurait le siècle, mais avec des dates de retour pour des congés non extensibles et ne rompant pas la monotonie du bonheur. Il ne s'agissait pas d'hypothéquer l'avenir pour des cavales. Il ne fallait pas que cela « aille trop loin ». Tournure absurde que l'on m'a servie à satiété alors que je rêvais de l'exact opposé. C'est face aux rêveurs de peu que je suis devenu mon propre académicien. J'ai recomposé le dictionnaire et réécrit les définitions. *Liberté : Pour certains, disponibilité temporaire, voire vacance sur le marché des sentiments. Pour d'autres, branle-bas de combat.*

Je me suis retrouvé seul sur la route, volant plus bas que les étoiles de mes grands soirs. Il y avait là des songes qui dansaient sur des piédestaux inaccessibles et j'ai couru comme j'ai pu après ces chimères. Ma sérénité n'a jamais été qu'un vaste compromis entre la couardise de celui que j'étais devenu et la soif du môme que je fus. Immanence du voyage qui vous met face à vous-même, qu'importent la couleur du ciel et les masques des hommes. Terreur de ces insomnies matures, où il faut répondre de soi, devant des aspirations érigées en devoir sous la tyrannie onirique d'une adolescence lyrique. On nous pommade souvent que l'on n'a rien à prouver. Le courage n'est plus une exigence de nos sociétés. Mais, sans lui, la vie finit en un concert de remords. On ne rêve jamais impunément.

L'aurore est plus sage que le crépuscule, dit un proverbe russe. Matins bénis de mes plus belles échappées lorsque la lumière balayait les sourdes craintes ressassées au fond d'obscurités sans lune. Et alors, cette glorieuse solitude qui chevauchait les cimes, qui traversait les mondes, qui venait à bout d'épreuves triviales. Nous sommes profondément inégaux devant nos rêves, nos crâneries, nos bravades, nos gageures. Il n'y a de félicité qu'à l'aune de nos serments intimes, et de drame que dans le manque d'exigence qu'entretient chacun à son endroit. Il y avait cet enfant-général qui commandait de monter à l'abordage de mes mirages, hurlant le soir et jusqu'à l'aube. J'ai chargé souvent, m'escrimant dans le vent. J'ai déserté aussi bien, convoquant la raison, ce baume qui n'a jamais soulagé aucun cœur d'aucun malheur.

À Tbilissi, je suis seul. Je rencontre un gamin dans la vieille ville, il m'emmène dans un marché pour dénicher une bicyclette. C'est sur un rustique cadre pour femme que je prends la route de la Svanétie. La piste en lacets qui y menait était alors barrée de checkpoints et de gardes tenant leur kalashnikov en bandoulière. On dit qu'elle s'est aujourd'hui muée en un ruban asphalté. Dans les Yungas boliviennes, je cours la montagne, seul et couchant sous le grand ciel, épuisé sous les glaciers écrus. En Colombie, en Corée, à Hokkaido, je n'ai personne à qui confier mes pensées si ce n'est un petit carnet que je noircis avec exaltation. « Si vous saviez mes guerres, menées sabre au clair sur des champs de ténèbres jonchés d'étoiles mortes. Jusqu'aux pâles aurores et leur rosée amère, je suppliais la nuit que le sommeil m'emporte. » En Russie, des semaines durant, je n'ai conversé qu'avec moi-même. J'ai trop fréquenté la solitude. Elle exacerbait chez moi une sorte de langueur et des paradoxes en grand écart. Elle matait l'arrogance de la liberté.

Le voyage est un démon murmurant à l'oreille, dans les steppes du monde, par les cimes du ciel. Ces soleils qui vous cuivrent, ces déluges qui vous lavent, ces effusions minérales. Le voyage est une fée qui chuchote dans le cou. Parfois on la voudrait voir prendre corps sous des traits aimables, dans l'anonymat des cités étrangères. Les femmes, ces portes que l'on croit closes et qui s'ouvrent d'autant plus aisément qu'on y met un violent coup d'épaule. On se trouve tout étourdi de son succès. On se met à tourner chaque poignée. Mais la suivante est fermée à double tour et si elle s'entrouvre, c'est sur des couloirs et des boudoirs où l'on attend des jours avant audience et un baiser aux commissures. On ignore toujours si l'on doit faire le siège ou l'assaut, si l'on doit se hisser au balcon ou bien se morfondre un demi-siècle au pied du mur.

Quand on est seul et inconnu, on s'introduit avec fantaisie. Les femmes aiment par l'ouïe, les hommes avec le regard. Les premières se maquillent et les seconds mentent. Dans un grand port d'Asie, je me fais passer pour un marin russe de Vladivostok. Rencontres à quitte ou double entre une arrivée et un départ. Souvent les femmes appréhendent un lit vide aux draps défaits et une voile gonflée au large. Certaines déclinaient jusqu'aux rendez-vous galants afin de ne pas souffrir d'une séparation inéluctable. Ou bien était-ce une manière incroyablement délicate de m'éconduire ? Ce faisant, elles ne réussissaient en rien. J'étais romantique. J'avais l'amour platonique.

J'étais marin, marin des hautes solitudes, embarqué dans de longues traversées terrestres. J'aimais les appareillages. Il est arrivé une fois que la vision d'une jeune fille me harcèle quelque temps comme un frelon qui bourdonne. Dieu lui avait dessiné un sourire splendide sur le visage. Mais fort heureusement je n'ai jamais été de ces âmes en peine qu'on croise partout sur les chemins de l'éden, chagrinées devant l'éternité. Des cœurs jetés sur les sentes du monde qui revoient leur passion au gré des kilomètres comme des condamnés leur vie avant le couperet. Les vents les plus violents peinaient à chasser les parfums insistants. Morosité torturée de ces errances se voulant curatives. Est-ce l'espace ou le temps qui parvient, dans un insensible délavement, à user nos attaches ? On oublie enfin ce grand barbouillage dont amitié, amour et ensorcellement sont les couleurs primaires. Peut-être que la route, malgré tout, console et conjure. Il est possible qu'elle soit une thérapie.

Pour les autres, de quel secours sont ces circumambulations solitaires autour du globe ? La route est le baptême du monde. Elle dessille les yeux, elle vous ébranle, vous saoule de grâce, de chair et d'effluves. Elle vous fout aussi la mort sous les yeux. La mort, qui déroule chez nous ses drames derrière les rideaux des hôpitaux. J'ai vu les mouroirs sublimes de la nature. De vieilles femmes, agenouillées dans la neige, s'éteignant dans la diction de leurs derniers mantras. Tout autour, la tempête promenait ses tourbillons. Dans les foyers reculés, un aïeul, discret, préparant dans la prière un voyage imminent. Solitaires pèlerins qui étalaient leur corps autour de lieux saints, dans une piété imperturbable au crépuscule des forces. J'étais jeune. Le vent et le soleil ne parvenaient pas même à flétrir ma peau juvénile. Derniers instants d'éternité, ainsi que l'on devrait nommer l'âge de vingt ans.

La mort sur des visages inconnus. Corps inertes dans les rues indiennes, dépouilles descendues solennellement des vallées himalayennes, champs de tombes au rite mystérieux dans les steppes d'Eurasie. La mort qui essaime ses croix, ses tumulus, ses stèles. La mort qui vous ramène brutalement sous la nef d'une église de France lorsqu'un aïeul en a eu assez de vous attendre. C'est l'enfance qui part en lambeaux avec le trépas d'un grand-parent. La maison dans les vignes, les anecdotes mille fois radotées d'une émigration au Brésil, les azulejos de la cuisine. Quelques larmes sur un cercueil qui part en terre et puis l'on s'éclipse avec son deuil. Il est vain de lancer de derniers regards, on ne se souvient pas plus sûrement. On n'a pas mieux dit au revoir. On reprend là où l'on s'était interrompu, dans sa solitude, dans son voyage, bien loin, dans la vie des autres, dans la mort des autres, dans l'incantation des épitaphes. J'ai toujours écumé les cimetières – y compris ceux de statues – au milieu des médaillons affichant le portrait de défunts devenus poussière. Ils racontent mieux que leurs gardiens les époques et les décennies féroces. On s'y incline sous des ombrages, au-dessus des fleurs fanées.

Que dire alors des vivants ? Ce déluge de visages, de sommations, d'accostages, dans cette solitude qui vous expose à vos semblables. Les *autres*, ce Graal des voyages portant aux nues les rencontres. Ces rencontres qui ne sont qu'un moyen de saborder sa déréliction. Les *autres* qui vous choisissent comme faire-valoir. Ces importuns notoires qui vous astreignent à un thé en leur foyer tandis que, à deux pas, asservi à une règle invisible, un humble avait, le premier, désigné d'un geste discret une table frugale sous un arbre. Non, il faut qu'un hôte accablant ait décidé que votre présence dans son antre ajouterait au pouvoir avec lequel il défend à ses voisins de vous convier.

S'extirper de ces bras ouverts relève du savoir-faire. Les mets, les sollicitations intempestives, la chèvre qui bêlait dans la cour une heure auparavant. Ses abats encore chauds, les déclarations, les rires tonitruants et les tapes dans le dos comme si on avait gardé ensemble des troupeaux de mille têtes, en reposant sur la même peau. J'ai appris à exploiter la moindre faille de ces accueils trop parfaits, à déplier mes jambes ankylosées dans la foulée des cul sec avant que quelqu'un n'empoigne la théière. J'ai des souvenirs de yourtes dans lesquelles on entrait le matin pour n'en ressortir qu'à l'orée du soir, les yeux éblouis par un soleil oblique qu'on avait oublié. La chaude vallée s'était gorgée de rayons comme nous de koumis. Les papilles étaient saturées de goûts fermentés et l'on rêvait de s'éclipser, de se claustrer à nouveau dans sa thébaïde, de retrouver sa liberté ainsi qu'une rivière claire où se rincer de ces saveurs lancinantes.

Se méfier, toujours, de ceux qui hèlent, de ceux qui osent, de ceux qui apostrophent. Il en est des vauriens, des scélérats, d'anciens geôliers de dictatures déchues peut-être. Qu'en saura-t-il jamais lui, le voyage, ce niais qui tire des portraits vertueux de tout ce qui est étranger ? Soudain tout devrait être sacré, plus sublime dans le lointain que chez nos voisins de palier. Je voyage pour ou contre les hommes. Je suis allé à tâtons, guidé par des mains d'un secours aléatoire, ne maîtrisant ni dialecte, ni us, aveugle, sourd et imbécile. J'ai mené ces entrevues puériles entre des sourires benêts et l'espoir incommensurable, parfois, qu'on me garde coucher.

Pourquoi se souvient-on des uns plutôt que d'autres ? La mémoire est un recueil avec ses impasses et ses carences. Je revois cette chaussée en Italie, le pouce levé, et une Ferrari lancée sur l'asphalte, conduite par un ancien prisonnier qui se vantait de ses méfaits à sa pédale. Une nuit, dans la campagne thaïlandaise, une bicoque sur pilotis où l'on m'offrait le gîte en compagnie d'un gigantesque reptile domestique. Le fils de famille tentant de me dévêtir en plein sommeil. Un Indien se disant mon ami, me soulageant de ses commissions, à la faveur de son serviable truchement. Des déceptions sans gravité, partout.

La nature humaine sous tous ses avatars. Ce n'est pas parce que l'on a beaucoup voyagé que sa vie est une collection d'incroyables déboires. Ils sont parfois plus prosaïques, moins périlleux et ô combien plus amers.

En voyage, les autres sont aussi des voyageurs, rejetons d'un Occident triomphant, faussement sans le sou, éphémèrement clochards, libres par la grâce d'un passeport bardé de tampons. « Il y a des filles, elles ne couchent qu'avec lui », m'a un jour lancé un vétéran du large. Une génération qui s'est vautrée dans les décombres fumants et l'appétit qu'on avait d'elle. Souvenir ému du défrichement postsoviétique, postmaoïste et prémondialiste. Charmes insoupçonnés de la déglingue perestroïkienne et avantages certains des désastres bolivariens. Ils ont fait flamber leurs dollars sur les corps morts des révolutions et dans les satrapies noires africaines. L'apostasie du marxisme-léninisme et les indépendances désastreuses leur ont été un jardin d'éden. Les femmes affutées par les régimes de rationnement – « Elles se gâtent désormais, foutu bordel d'abondance » – était une pureté qui n'existait plus que dans leur mémoire. Sans doute est-ce pour cela qu'ils fréquentaient désormais les lupanars de la Terre, en regrettant là aussi qu'on en soit à l'ère de l'industrie.

Encore une histoire de virginité que cette affaire de voyage. Seul un régime néostalinien verrouillant les frontières pourrait reformer l'hymen des mondes interdits.

J'en ai croisé dont les poches étaient remplies de cartes de visite aussi prestigieuses que mensongères, qui se proclamaient rois au bout de la Terre. La chienlit n'est pas que le paradis des truands, elle est aussi celui des bourlingueurs et de la photographie qui se complait dans la dévastation comme la peinture classique ne jurait que par les ruines romaines. L'esthétique a besoin de patine et de saccages. La route a ses esbroufeurs, ses perversités et son voyeurisme. J'en prends ma part. On m'a raconté des histoires de mafias ôtant les yeux à la petite cuillère, de globes oculaires pendouillant jusqu'à l'hôpital. Et dans les regards qui narraient ces mésaventures mieux que les cordes vocales, on lisait le contentement d'avoir assisté à la barbarie, comme un trophée de voyage.

Il arrive enfin que l'on rencontre le sel de la Terre. Des êtres rudes et débonnaires, à l'amabilité discrète et au souci sincère, sachant élégamment exprimer des vérités. Je dois à ces gens un lourd tribut en fait d'humanité, à cause de la paix de ces entrevues dans un silence aisé et coupé de paroles avisées. Les regards restaient dans l'ombre des arcades sourcilières, se tournant rarement vers la lumière. On entendait le vent dans les lisières ou l'usine ronronnant, qu'importe. Cette manière de vous offrir l'usage de ce dont ils jouissent eux-mêmes, de réprimander sans rire lorsque vous y mettez trop de manières. Ce naturel des causeries, dans le monde sauvage, ouvrier ou de haute volée. Ce n'est pas une question d'extraction, uniquement un caractère à la fois désabusé et fraternel. Des gens qui n'exécutent pas en vertu de leur supposée réussite mais qui ont renoncé à juger à l'aune de leurs échecs. Je crois pouvoir comparer les heures que j'ai passées aux côtés de ces mortels avec la compagnie des bêtes.

Car quelles plus belles rencontres que les animaux ? Quarante baleines s'ébattant tout un jour dans une baie de la Terre de Baffin. Les ailerons d'un banc d'orques écumant l'Atlantique Nord, aux rayons d'un soleil vespéral. Dans une taïga sibérienne, un ours détalant devant mon corps flageolant. Un tigre de Mandchourie dont les traces croisent les miennes alors que je reviens sur mes pas. Des albatros dansant dans le vent des mers australes. Je garde des images plus tenaces des fulgurances primitives que de ces mille hasards avec mes congénères. Sans doute parce que nous essaimons partout, l'échelle des valeurs s'inverse. Tchinguiz Aïtmatov se désolait déjà en 1970 à propos des mârals du Kirghizistan: *Il naquit des hommes qui, de leur vie, n'en apercevaient jamais un.* Contempler la vie sauvage, une des raisons de mes voyages. Les bêtes ont retenu mon regard plus longtemps que les plus belles femmes. Elles m'ont toujours ôté le regret de m'être détourné de leur spectacle, en s'éclipsant elles-mêmes.

Ces entrevues ont chaque fois marqué un paroxysme, l'archet à la verticale les doigts tendus en arpèges dans des aigus impossibles, la tête rejetée en arrière, le front et les yeux comme révulsés derrière les paupières avant que le coude ne se lève vers des sonorités plus graves. La bête est partie et vous laisse, à genoux et hagard. Vertige de la solitude, au fond des grandes natures qui vous emportent aux origines. L'homme y prend d'autant plus de valeur qu'il y est inouï. Il y retrouve sa locomotion ancestrale. Il marche. L'humeur est dictée par la météorologie, la fatigue par la topographie et la géologie, l'enchantement par la botanique.

Seul, on rencontre aussi des solitaires, dans leurs tours d'ivoire. Un observateur synoptique reclus dans le jardin de ses appareils de mesure. Un ermite s'efforçant de survivre à la mort des siens. Le garde d'un sanctuaire naturel, ange bureaucratique de la Création. J'ai fréquemment été arrêté pour satisfaire la curiosité d'un fonctionnaire esseulé. Les graves accusations qui servaient de prétexte à l'interrogatoire dérivaient vers des bavettes interminables. À Touva, aux confins de la Sibérie et de la Mongolie, sur une piste secondaire qui ne voit passer que quelques véhicules par jour, il m'a fallu près d'une heure pour que le policier en faction se décide à lever sa barrière. Il n'avait je crois aucun soupçon à mon égard, rien que le désir terrible de s'épancher. Il posa d'abord des questions fermées et brèves, puis des « pourquoi » et d'autres adverbes de cette veine, qui exigeaient de moi que je disserte.

En Asie, les agents désœuvrés vous convient à prendre le thé pour mieux enquêter. En contemplant les feuilles vertes s'infuser dans une eau bouillante qui réchauffe votre paume, vous racontez. Les gens en uniforme réclament des raisons au moindre de nos actes, à nos itinéraires, à nos voyages. Comme si la vie avait un sens. C'est ainsi que j'ai dû un jour parapher sans trembler à Nikolaïevsk-sur-Amour, une déclaration formelle expliquant que je poursuivais l'automne du cercle polaire à la frontière des Corées. Elle doit moisir depuis aux archives du Service fédéral de sécurité. Je ne fais de procès à personne pour cette prodigieuse absurdité. Le préposé auquel j'avais affaire était un homme bon qui s'est conduit en matière d'amabilité avec toute la latitude que lui laissaient les exigences de son emploi. La législation, d'ailleurs, ne disait rien à propos des gens qui voyagent en compagnie de l'été indien. Ses gardiens zélés s'étonnaient simplement que l'on n'ait pas plus de raisons d'être là, quand eux en avaient tant de demander leur mutation.

Expressions vaguement ahuries désirant apprendre ce qui me poussait à errer jusque dans leurs contrées. Sous forme de formalités ces interrogations touchaient à l'essence. Que faites-vous là ? Immense mystère qui remonte au ventre même de ma mère, au premier souffle. Le voyage manque de sens. On aimerait avoir plus de motifs d'être sur la route. Car ce qu'on aime avant tout, c'est précisément la *route*. De même que ce dont on jouit, c'est de la vie. Faut-il préciser que je n'ai jamais pu exposer ces pensées de comptoir aux représentants de l'ordre ? Nous négociions par gestes au sujet de mon embarrassante présence. Chaque fois j'ai brandi le seul mot pour lequel il existe des cases dans les formulaires : touriste. D'étonnement cela tirait vers tous les recoins du visage les traits de ces gens-là.

Il n'y avait ni Taj Mahal, ni baie d'Halong, ni pyramides dans les environs.

C'est surtout pour cela que je blâme le tourisme, pour n'être qu'un circuit en dehors duquel on ne peut plus s'en réclamer. J'ai tenté d'en élargir la géographie avec plus ou moins de succès. Les unités anti-narcotrafiquants prenaient un malin plaisir à me tirer du sommeil – des musiciens avaient fanfaronné toute la soirée sous le plancher – dans des chambres malsaines mais sans drogue. Ils demandaient encore : « *¿Porqué ?* » Je les convainquais que mes itinéraires n'étaient pas dictés par la tragédie du destin à l'image de ceux qu'ils traquaient. La liberté, elle, ne m'imposait rien du tout. Et qu'ils croient bien que cela m'embêtait profondément. Il se trouvait que, Dieu sait pourquoi, après les « au revoir », le dernier tour de clé, je me trouvais immensément heureux d'être en tête à tête avec la Terre.

Parfois, embarrassés, ce sont eux qui proposaient comme issue : « *Turist ?* » J'acquiesçais en déclinant le terme avec des « o », des « a », des airs contrits ou exaltés. Touriste bien sûr, qu'on traverse la jungle équatoriale à la machette ou que l'on bronze au soleil de Copacabana. Compagnie sporadique de ces contrôles de routine, seule société parfois d'un garçon isolé, jusqu'au beau milieu de la foule. Qui s'intéressait à moi, grand adolescent passablement déguenillé, brun comme bientôt toute l'humanité, terriblement mutique et qui traversait des pays entiers sans que personne n'en sache jamais rien ? Personne sauf les formulaires où je cochais « touriste » et les gardiens de la paix à Medellín, qui fouillaient au corps jusqu'à l'humiliation.

Eurasie

Assez tôt, j'ai contracté le syndrome de Marco Polo, convocation de l'Est, étrange appel de l'Eurasie et d'un domaine « qu'on ne peut embrasser », ainsi qu'affirme la langue russe. Comme l'illustre marchand, je suis parti vers ce territoire aux versants austères et ocre de pierre, les hautes solitudes écumées par les loups, l'incommensurable Sibérie, les obscures républiques, la Babel continentale et les cataplasmes de poussière. Les anciennes dépendances de l'Empire mongol m'ont toujours été un remède aux certitudes du Ponant.

L'Eurasie, voyage originel, celui d'Alexandre le Grand dont l'empire fut le monde connu et dont il repoussa les lisières. Les hommes habitaient des isolats perdus dans l'immensité d'une Terre qu'on pensait cubique au Japon ou ovoïde en Égypte. C'était un mandala pour les hindouistes et une série de cercles concentriques pour les Chinois. Tous ont fait connaissance en Eurasie, dans la réunion des écoumènes, le fracas des armes et les confins qui leur tenaient lieu de frontières. La carte du globe s'est agrandie aussi vite que le ciel à l'invention du télescope. Le roi de Macédoine a étendu le domaine de la géographie par le glaive sur une terre, sans entrave océane. N'importe qui peut encore aujourd'hui faire ce voyage.

Je me suis longuement remémoré Alexandre lors d'un passage en Macédoine. Étonnante république que ce confetti d'ex-Yougoslavie où l'on revendique au sommet de l'État l'héritage du guerrier explorateur, contre l'avis farouche – et le blocus – de la République hellénique. Les gens là-bas ne sont pas grecs mais slaves ou albanais ; des barbares, aurait-on dit alors. La Macédoine antique d'Alexandre se trouve en territoire athénien, sauf que Skopje n'en a cure. On y érige à tour de bras des palais néoclassiques et des statues mégalomanes dans une folie des grandeurs baroque, inélégante et démesurée. En ces endroits, on hoche la tête joyeusement en se disant que le voyage ne meurt jamais. Les lubies du siècle se chargent d'en renouveller l'objet.

À Skopje, j'ai usé mes phalanges. Je me suis promené en toquant sur les frises et les coffrages, j'ai erré parmi les imitations du Parthénon. Les statues sonnent aussi creux que les mythes fourre-tout dont elles s'inspirent. Comment construit-on une patrie sur les cendres d'une fédération communiste et dans le foutoir de l'histoire ? Il ne suffit pas de proclamer son indépendance sur le sépulcre de Tito, il faut rédiger un roman national, l'ériger en identité viscérale, s'ancrer dans la géographie et le passé quitte à le tordre, et à abattre d'une balle les grincheux rabat-gloire. Skopje est un spécimen remarquable du désarroi des jeunes nations, un cas d'école. Et moi, dans ce bazar, je voyage, je lis le monde.

Ah quelle étrange soirée j'ai passée à Skopje ! Sortent là-bas de terre des acropoles en toc aux frontons historiés. De grands drapeaux au soleil irradiant un ciel rouge remplacent le crépuscule. Skopje tient autant du décor de tournage pour peplum que d'un intérieur sans goût de nouveau riche. Lampadaires dorés, palmiers artificiels ébouriffés, finitions mal léchées. J'ai déambulé le sourire aux lèvres au son de musiques de cinéma diffusées par les haut-parleurs de plein air. Des muses moulées faisaient mine de jouer de la lyre dans un cadre enchanteur en carton-pâte. Un orage s'est soudain déchaîné, tournoyant, rayant le ciel d'éclairs. Abrité sous des colonnes, je regardais l'eau goutter des plafonds et les joints qui s'effritaient déjà, comme si tout était promis au ravage.

L'averse a cessé. Sur la rivière Vardar, des Skopiotes aisés célébraient un mariage à bord de faux navires à voiles, maintenus à flot par des pilotis en béton. C'est qu'il faut se représenter la rivière Vardar. Elle ressemble à un gros torrent de montagne. Aucune galère, aucune trière n'a jamais pu y tremper une rame. La Macédoine d'aujourd'hui ne possède aucun accès à la mer et Skopje plane à 240 mètres d'altitude, dans le fond d'une cuvette polluée. Le spectacle de ces déesses peinturlurées de maquillage et de ces messieurs en costumes criards, se trémoussant sur les ponts d'un vaisseau de pacotille, m'a retenu songeur de longues minutes. Je contemplais la scène depuis le vieux pont ottoman, seule ruine authentique de la cité en chantier.

Skopje ! Débauche de statues d'illustres inconnus piochés dans le bric-à-brac de l'histoire. À chaque mètre, des chevaliers, des saints orthodoxes, des popes bulgares, des guerriers. Les gens affirment en plaisantant qu'à s'attarder trop longtemps sur la promenade on risque d'y être pétrifié. Partout des citations angéliques attribuées à mère Teresa. Partout des structures de béton ou d'acier attendant leur habillage Grèce antique, des lions en zinc qui crachent de l'eau, des sages en toge de marbre trônant dans un kitch désuet. Partout des airs de capitale de satrapie eurasiatique. Le musée archéologique est bâti à l'image des trésors qu'il contient. Et au-dessus des colonnades, des publicités de sodas, de la réclame pour gadgets. Je n'aurais jamais imaginé qu'un État si étriqué résulte d'un si grand royaume et d'annales si profuses. Cela m'a semblé quelque chose comme une utopie mémorielle et un vaste malaise.

Combien de fois ai-je observé ces exaltations d'une histoire mythifiée ? À Astana, déambulation fabuleuse par les avenues pharaoniques d'une cité sortie de la steppe aride, à perte de vue; gratte-ciel flambant neufs aux vitres éblouissantes, perspectives fuyantes et symboles archaïques stylisés par des bâtisseurs gigantistes. Incarnations architecturales de contes populaires, palais de tyrans aux coupoles azur. Sur les ruines de l'URSS, Nazarbaïev, le despote éclairé, a fait construire une pyramide dédiée à l'adoration du soleil et des pétrodollars du Kazakhstan moderne. Des tentes figées par le ciment représentent une nation autrefois nomade, sous les ondulations d'un immense drapeau, presque une voile, bleu ciel avec son astre et son aigle, dans une brise rafraîchissant la canicule.

Ainsi va le monde. J'accepte que mon voyage se fasse dans cette époque. Il est un lieu *L* à un instant *T*. Je découvre l'Eurasie du XXIe siècle, méconnue, couramment qualifiée d'ex-URSS par l'inertie de nos représentations, continent des blocs et des mosaïques résultant de leur dislocation. Les armoiries solaires ne sont plus les emblèmes d'un monde prolétaire mais d'États oligarchiques. Depuis 1992, Astana remplace la Tselinograd au nom onirique, la « ville des terres vierges ». Jadis les fronts pionniers agrandissaient le monde soviétique, ensemençant la steppe austère pour mieux mériter ces blasons aux gerbes de blé, dans une allégorie de la terre nourricière. Mais j'ai visité une Astana gavée à l'extraction des matières premières, ayant fait fi d'un passé qu'il ne faut surtout pas chercher ailleurs que dans les musées et la mémoire de quelques retraités.

Idem au Tadjikistan, cette architecture rétrospectiviste à laquelle j'ai toujours trouvé un certain charme, solennelle et polie par des décennies âpres et rugueuses. Les grues abattaient dans le centre-ville de Douchanbé les derniers vestiges de ce qui relevait vingt ans auparavant d'un grand prestige immobilier. L'ancienne Stalinabad disparaissait sous le couvert de tours vertigineuses érigées par des clans d'affaires. La fin de l'homme rouge. Un nouveau règne faisait l'économie de toute promesse idéologique. Le président avait ôté le suffixe « -ov » de son nom de famille en guise de dérussification. Il s'était offert un faramineux palais aux frais de son peuple miséreux. Au bout des jardins, flottait, là aussi, un drapeau national prodigieux, pendant lamentablement à la plus haute hampe du monde, les jours sans vent.

Fournaise de ces villes d'Asie centrale, atténuée seulement par les ramures auréolant les allées. Ismaïl Samani, émir perse de la dynastie des Samanides, est ressorti des annales pour relayer Lénine, fatigué de trôner sur les grand-places. L'homme nouveau a fait long feu. Le pouvoir fait table rase du passé immédiat pour mieux refonder le Tadjikistan du XXIe siècle sur une identité millénaire. Les jeunes nations cherchent désespérément à s'ancrer dans les entrailles de l'histoire. L'atmosphère surannée d'une URSS se voulant à la pointe du progrès s'est volatilisée. Il n'y a plus que les prénoms pour témoigner d'un monde qui s'éteindra définitivement avec ceux qui les portent. Sorat, « vitesse » en persan, m'expliquait là-bas dans un grand sourire que sa mère l'avait baptisé ainsi en l'honneur du vol de Gagarine. Je crois que le voyage, c'est contempler un peu ému la disparition d'une époque, c'est faire jouer les charnières. C'est explorer la contemporanéité en accordant une minute de silence au charme d'antan.

Voilà toute l'Eurasie qui s'est offerte à moi, en pleine recomposition, fouillant dans le grenier des mythes : Gengis Khan en Mongolie, Manas au Kirghizistan, l'Ukraine aussi qui ratisse ses cimetières dans l'espoir de grands hommes. J'étais gamin et la carte politique de l'Europe n'était rien qu'un gros miroir brisé face au titanesque bloc soviétique. À sept ans j'ai vu à la télévision les images de la destruction du mur de Berlin. C'est ma plus lointaine réminiscence en matière d'actualité. Le temps que j'obtienne un passeport, tout s'était inversé et j'ai voyagé par le bazar soudain morcelé de l'Eurasie. On croit qu'elle n'est plus faite pour les bouleversements, la géographie. Elle n'est qu'assoupie. Telle l'histoire qui accouche inlassablement de « népotes » aux portraits sous-titrés de citations lumineuses et dont seule la mort vient à bout des kyrielles de mandats.

L'ex-URSS s'est ouverte aux globe-trotteurs dans le sillage de ces républiques inédites.

Parallèlement la voie des Indes se refermait, barrée par un Afghanistan se murant dans la guerre. L'Iran connaissait des soubresauts. C'est alors que l'Asie centrale est devenue le passage idéal vers l'Orient, aboutissant dans une Chine enfin encline à soulever les barrières de ses postes frontaliers. Une Eurasie labyrinthique, aux pistes innombrables comme une chevelure au vent. Les mille bras d'une route de la Soie fantasmée par l'Occident nomade. Épopée dont on voit surtout les bulldozers nivelant la voie aux essaims de camions Dongfeng qui débordent de leurs frontières. Faut-il s'intéresser aux caravansérails antiques des caravanes d'hier ou à ces chaussées de l'Amitié qui innervent les pays en « -stan » et distribuent la camelote *made in China* partout sur les marchés de containers, innocents fronts pionniers d'une influence féroce ?

Il faut voyager avec son temps, sans ciller, sans abstraction du présent. Être un voyageur du siècle. On me disait : il n'y a rien à voir ici. Et comment ! Dès les halls d'aéroport, ces poupées en minishort défilant au son de leurs talons aiguilles au travers des grappes d'épouses voilées et hadj. Les douanières cintrées dans des uniformes sévères, cheveux libres, héritières de la libération soviétique de la femme en terre d'Islam. Cette police s'acharnant à faire raser les barbes et interdire les baptêmes arabes. Eurasie ignorée des masses occidentales, limes stratégique et civilisationnel crucial, que les diplomates confient aux bons soins des autocraties dynastiques. Les « pieds-noirs » slaves sont repartis en Russie, où on les nommait « bouffeurs d'abricots » à cause des vergers de pastèques, des cultures de coton asséchant l'Amou-Daria et la mer d'Aral. À leur suite, des cohortes d'immigrés en quête de roubles pour leurs foyers ont essaimé jusqu'au plus profond de la Yakoutie.

Il faut se montrer gourmet au buffet de la Terre. L'Eurasie exhale le goût salé des intrigues de l'humanité, contre le sucré des plages de cocotiers. Le voyage est l'opposé des vacances. Sa curiosité ne connaît aucun repos. La révolution bolchevique était parvenue jusqu'aux limbes du Tibet. Au Haut-Badakhchan – le toit du monde des Soviets – les pasteurs burinés et enchâlés contre les nuages de poussière désignent encore les sommets du Pamir des noms de Lenin ou Komunism, plutôt qu'Ali Ibn Sina ou Somoni. Les toponymes et les idoles meurent avec les générations. On parvient là-haut le long d'un torrent bouillonnant nommé Piandj, irréelle frontière ponctuée de miradors et de checkpoints. Figée dans la géographie depuis le grand jeu russo-britannique, elle s'offre au voyageur. Ne reste que quelques casemates tsaristes en ruine, aux côtés de bases radars soviétiques à l'abandon, ponctuant un paysage ocre et désertique. La drogue se faufile entre les lignes où de grandes affiches célèbrent la réconciliation nationale par des poignées de main viriles. Des soldats patrouillent. Des pancartes mettent en garde contre le terrorisme.

À la jumelle, on scrute l'antimonde, là, sur la rive opposée. Afghanistan austère où les gamins mènent les troupeaux sous les murailles de l'Hindou Kouch. Les femmes se hâtent en burqa bleu ciel tandis que, à quelques encablures, pardelà cette étroite rivière à Khorog, des couples s'agacent, accroupis sur les *tchaïkhana* rafraîchies par les flots de fonte. Les filles aux cheveux de jais et maquillées déambulent d'un regard assuré. Les paraboles captent les émissions délurées des chaînes moscovites. On m'a confié là-bas que certaines sont victimes d'enlèvements. Les talibans ne sont qu'à trente kilomètres, hors-la-loi obscurantistes réfugiés dans des citadelles rocheuses, pendant qu'en Californie des gens se préparent au transhumanisme.

Eurasie, vaste territoire du voyage, irrémédiablement continentale, tiers des terres émergées de ce globe, turcique, ouralo-altaïque, tour à tour brûlée ou gelée. Eurasie dont les puissances sont bordées d'immensités désolées comme ailleurs l'océan, sans ports, sans havres ; seulement constellée de gares et de trains cahotant sur des rails mis bout à bout dans une répétition amnésique. Immense enclave que ne parcourent que quelques-uns d'entre nous dans des convois lents à mourir. J'ai infiniment aimé ces traversées en wagons bondés, aux allées entravées de colis remplissant jusqu'aux cales, sous des trappes. J'occupais farouchement ma place, me retournant des nuits entières entre le plafond et un porte-bagages pour tout lit. Au-dessous, deux corps se serraient parfois sur les banquettes étroites et l'un chutait parfois dans les secousses et les freinages. Au matin, les survêtements rose bonbon des dames en tenue domestique occupaient le premier plan d'un paysage frugal défilant derrière des vitres rayées et sales. Quelques stations isolées arrêtaient le convoi dans sa course et l'on entendait s'entrechoquer les tampons à la chaîne. L'effervescence puis le silence sur les quais de bourgades redevenues désertes au sifflement strident de la locomotive, tandis que, dans les couloirs, de nouvelles têtes hochaient en guise de salutations, déposaient leurs bagages dans les coffres et s'asseyaient auprès d'un thé noir avant de conter leurs gloires et leurs déboires.

Le train est le grand véhicule de l'Eurasie. On y croise immanquablement une jeune fille en fleur montant à une capitale des steppes, une babouchka s'en allant enterrer un frère qu'elle n'a pas revu depuis cette photo sépia que tout le wagon a déjà été contraint d'admirer trois fois, et un prisonnier libéré d'une sombre colonie pénitentiaire, prostré comme si le compartiment lui était une cellule. Sans doute sera-t-il bientôt de ces ouvriers de concessions pétrolières qui peuplent les banquettes, en permission dirait-on, et qui regagnent pour un temps des parages plus souriants. L'Eurasie est une périphérie minérale du monde moderne, les confins industriels d'une mondialisation côtière. Toutes ces âmes cohabitent une semaine, feuilletant les histoires à l'eau de rose de romancières pétersbourgeoises, s'adonnant à des griseries fraternelles, des inimitiés spontanées et des amours s'achevant en effusions impudiques dans les toilettes, au-dessus du trou qui découvre le ballast. Ça termine en bagarre dans la voiture-restaurant, dans les soufflets glaciaux où l'on fume en cachette et l'on hurle sous couvert du vacarme. Ça s'épuise en ivresse, chacun concentré à retrouver sa place par les couloirs étroits, heurtant les pieds qui dépassent des châlits ; se faisant transparent devant la colère des *provodnitsa*, ces employées de bord bourrues qui sermonnent sans égards.

Je me souviens du Transmongolien, dont les rails ont été posés parallèlement par les Chinois et les Russes pour mieux préparer une guerre potentielle. À chaque gare nous nous désengourdissions dans les rues en terre battue où circulaient des carrioles attelées à des chameaux de Bactriane. Quelques barres de béton brejnéviennes, un bâtiment administratif, un hôtel, un monument musclé formaient tout le mobilier urbain. Les mômes désœuvrés se pendaient à bout de bras aux canons des chars soviétiques muséifiés sur des piédestaux et des Mig s'ensablaient autour d'une piste abandonnée, aux abords du Gobi.

Combien j'ai aimé ces endroits, sans pouvoir vraiment m'expliquer l'effrayant pourquoi. Peut-être ne me suis-je jamais lassé de la monotonie et de l'ordinaire, de contempler la fadeur de ces existences, au-delà du pittoresque. Dans des villes pauvres de toute curiosité dite touristique, j'ai fait sécher mon linge avec langueur. Façon de parler car je portais mes habits jusqu'à ce qu'ils deviennent loques. Je n'acquérais un costume de rechange qu'en jetant solennellement l'autre à la poubelle, dans les rires des marchands qui se pinçaient le nez. La légèreté donne des ailes, malgré l'humidité, la crasse et les déchirures.

Il m'est aussi bien arrivé de survoler le monde et de trop aimer la route, dans des voyages lapidaires. Mais partout j'ai gagné les hauteurs. L'Himalaya, après les plaines indiennes, les monts Fansky en réconfort des steppes, l'Altaï et d'autres chaînes méconnues. J'ai cherché partout l'escarpé, les herbes rases, les lacs mirant les cimes. Il fallait monter par des pistes à peine carrossables et bornées de précipices comme dans cette vieille berline américaine, funambule sur la Karakorum Highway et le réservoir rempli de ce que l'on avançait de roupies. Les roues épousaient le rebord des abîmes où de pauvres hères risquaient cent fois leur vie sur des filons verticaux de minerais. On progressait au pas, comme dans ces jardins d'écueils où les navires se gardent des récifs, puis on nous abandonnait avec armes et bagages devant des coulées ayant emporté la voirie vers les abysses où se ruaient des torrents.

Au Spiti nous avions tracé un sentier avec la cohorte des passagers, dans les cônes de débris puis par ce qui subsistait des lacets écroulés. Au Pérou, naufragés sur les hauts plateaux glacés, nous guettions depuis des heures un bruit de moteur que colportait chaque rafale de vent. L'improbable minibus d'une équipe de *futebol* villageoise nous avait tirés de ces altitudes où la tête nous tournait à force d'enfoncer des sondes dans la tourbe. Encore un doctorat de géographie qui avorta dans un trop beau voyage. Comment ne suis-je pas mort sur ces routes funambules, aux côtés de chauffeurs lâchant les volants pour se signer devant l'Éternel ? Des serpentins du Népal aux chaussées tortueuses des cordillères andines, obstruées par des remorques accidentées. Les *llaneros* colombiens accouraient à cheval et les vendeurs de *churros* surgissaient de nulle part. Les conducteurs énervés fonçaient ensuite dans l'obscurité comblant les précipices, de peur de la guérilla maoïste.

J'empruntais ces pistes parce qu'elles menaient à des territoires outre-terre, au négatif des densités humaines, aux lignes de faiblesse de l'écoumène. Souvenirs lumineux du Tian Shan, dans les yourtes où l'on buvait le koumis en caressant l'herbe grasse, en admirant la robe des étalons qui piaffaient au bout des longes. Les gamins hâlés agaçaient les chiens étendus au soleil, les cavaliers coiffés de feutres blancs enfourchaient leurs montures pour presser les filles se pâmant au bord des lacs. Splendeur des ethnies reculées, loin des palais de béton coulé. Qu'importe les révolutions des Tulipes qui secouaient Bichkek, et les luttes des clans pour le pouvoir. Les secousses politiques ont des épicentres lointains qui chatouillent à peine les confins du monde. Vallées oubliées des lois où la raison est celle du plus fort. Un pressentiment me fit un jour allonger la foulée tout le jour sous les cris de montagnards se mouvant furtivement dans les plis du relief. Je ne saurai jamais s'ils comptaient me détrousser sous l'indifférence du grand ciel s'azurant enfin après les ondées.

Puis l'on se séparait de ces derniers hommes. On s'élevait au-dessus des ultimes pâturages. Seul ou partageant la pitance avec un camarade, on sommeillait sans confort dans les craquements de séracs, sous des tentes que les tempêtes – ces ténèbres blanches – recouvraient de neige. Minuscules refuges contre la démesure, campements lilliputiens dans les titanesques plis de l'écorce terrestre, réduits nous gardant de l'écrasement de l'éther et du poids de l'univers. Au son angoissant d'un bloc se détachant, on ressassait ces histoires de séismes qui font ruisseler les versants de rochers dans un brouillard de particules ne décantant que sur le chaos. Nous n'avions chaud qu'au cœur de pouvoir enfin tirer un voile sur les perspectives laiteuses. Nous mangions souvent froid et cru avant de nous glisser dans nos duvets humides. Au matin, des cristaux de glace nous pleuvaient sur le visage en guise de salut. Nous ne réalisions aucune sorte d'exploit. Nous aimions seulement cette existence-là.

Souvent, il y avait un livre, que nous coupions en deux parties égales. Chacun lisait en décalé un même texte, s'interdisant de rien dévoiler au suivant. Il s'agissait de s'évader du bivouac, de se libérer de ces parois et de ces vertiges. Au désert de mes pareils, je m'immergeais dans la littérature japonaise ou tropicale. Il y a des ouvrages qu'on n'ouvre qu'en certaines saisons ou en des lieux opportuns. Chacun a les siens. J'ai peuplé le règne minéral de chairs, de mœurs tortueuses et de parfums obsédants. Je m'enfuyais, je retrouvais des parages abondants, des voiliers blancs. Cela me rappelait que les cœurs les plus durs finissent invariablement polis par les larmes des femmes. Elles usent de leurs pleurs et de leurs rires. On voit le large puis leur visage, le lointain encore et on plonge les yeux dans un bleu qui n'est plus celui du ciel. Je ne serais pas toujours en voyage. Je tournais les pages, ne revenant au réel qu'au tocsin de l'orage.

C'était pour se distraire, pas parce qu'une compagne venait à manquer dans ces châteaux de pierre. Pas dans les montagnes. La séduction est un atout qui résiste fort mal aux intempéries et à l'épuisement. Quand il ne s'agit pas de fard, c'est la composition de l'autre qui peut brutalement décevoir. C'est au sud, dans les paradis consensuels et leurs rivages de miel qu'il faut se garder de la solitude et de ce poison qu'est la tristesse au soleil. Mieux vaut aimer en ces pays où la nuit est complice des délices. Là-haut, nous contemplions plus fréquemment l'aube que les couchants.

J'ai beaucoup habité ces campements à cause du plafond de verre du mal des montagnes. Il fallait s'acclimater sur ces glaciers noirs tachés de névés comme des peaux de léopard, envahis par la caillasse de pentes friables et de roches altérées. J'ai souvent été condamné à sillonner ces altitudes bâtardes de l'arc himalayen, où l'on patiente au contact des 6000 mètres. Plus d'une fois, j'ai dû renoncer avant que n'explose la beauté des glaces en meringues célestes, en neige plâtrée sur les parois granitiques, en inaccessible pureté de l'ocre et de l'écru. Mon sort fut de tracer de maigres sentiers à flanc des linceuls de pierres et d'accéder à quelques sommets secondaires. Il faut, dans cette vie, s'employer selon ses qualités.

D'où vient que l'on aime malgré tout les montagnes ? Ces vertiges immaculés, ces rougeurs éphémères sur la mosaïque des séracs. Avant que le soleil ne sombre derrière des crêtes noires ? On se demande à quoi bon – on ne regrette jamais de s'être fait violence. La marche est un engrenage où le corps entraîne mécaniquement l'esprit de ses roues dentées. Tout finit par dérailler et les pensées s'égarent. Durant des semaines, la glace et la roche qui vous écœurent. On se met à rêver des rhododendrons laissés dans les vallées. Il est là-haut, l'archipel des bouts du monde, dans les très hautes altitudes, inhumaines, dépressurisées et rares en oxygène. Aux finisterres du vivant. La face sidérale de notre globe. L'Eurasie recèle d'ultimes péninsules pointées vers le ciel, Bonne-Espérance de l'intérieur, cap Horn des hauts plateaux.

Puis on redescend dans les mêmes combes que les torrents grisâtres charriant les éboulis. Les versants se jettent dans des vallées abruptes, fermant un horizon pénible de rocs et de chaos. Les villages funambules aux maisonnées de pierre se fondent dans les murailles, dénoncées seulement par la chlorophylle des champs d'orge ou de millet. On tient pour l'éden ces premiers clos irrigués où l'on pénètre le feuillage d'un bouquet d'arbres. Là tout n'est que verdure et luxuriance, on s'y abreuve de thé autour d'un petit bassin et l'on oublie ces cimes inhumaines, le grondement des eaux, le bruit des siècles qui érodent les monts, l'odeur minérale qui imprègne jusqu'à sa peau. Il y a une splendeur particulière à ces patios phosphorescents dans les immensités de poussière, au retour dans l'opulent jardin de la Terre. Chaque fois je me dis que ces oasis sont à la nudité du désert ce que la planète bleue est à l'Univers, une fleur solitaire. Premières visions de silhouettes féminines, passant furtivement d'une porte à une autre.

Le temps n'avait plus aucune espèce de valeur, la région était vaguement méconnue, les issues incertaines. Nous nous mouvions sur un front où s'épuisait une humanité erratique. L'autochtone était essentiel. Nous nous fourvoyions dans des culs-de-sac continentaux. Deux à trois jours de cahots, des autorisations et des tampons en tous genres, auprès d'autorités floues et ne régnant qu'en théorie. On traversait des mondes, dans un basculement graduel. Un jour ou l'autre on parvenait pourtant à ces frontières qui séparent des contrées en tous points semblables, tantôt indolentes comme des douaniers blasés, tantôt raides comme des soldats de l'armée populaire. Toutes ces pérégrinations eurasiatiques échouaient immanquablement en Chine. Le désert se trouvait brutalement irrigué, le vide – plein d'un milliard de Han ayant noyé les derniers Huis et Mongols intérieurs.

On reprenait alors des trains aux bogies plus étroits, assis entre les sacs de riz et des têtes qui s'assoupissaient sur mon épaule. Nous avions immanquablement des billets de dernière classe. On voyageait ainsi trois jours durant, dormant assis entre des voisins qui fumaient compulsivement et jouaient aux cartes en crachant bruyamment. Les repas se composaient de pâtes, dans des bols en carton que l'on emplissait d'eau chaude. Les déchets jonchaient le sol et des employés balayaient méthodiquement, poussant des monticules d'immondices. Ils les jetaient par les portes ouvertes, dans les champs où peinaient des paysans sous des chapeaux à large bord. Dans le sillage des ordures, des marchands ambulants se succédaient par les allées, vantant en criant des bas pour femmes et des babioles à un yuan.

À chaque gare, les wagons s'emplissaient un peu plus de contingents de militaires venant de mater les Ouïghours dans les provinces de l'Ouest. Les passagers s'étendaient à même le plancher. Le couloir était encombré de corps et le personnel armé de bâtons dégageait violemment les têtes penchées, les jambes qui dépassaient, hurlant les noms des arrêts. Ils poinçonnaient à tout-va. La chaleur était étouffante. De vieux ventilateurs rouillés grinçaient au plafond et les lumières ne s'éteignaient jamais. Dans la moiteur des voitures, bercés par le bruit régulier des roues, nous sombrions dans l'atmosphère vitreuse jusqu'à nous réveiller devant un quai et des caractères comparables à ceux inscrits sur nos billets.

On atteignait enfin ces pays moites outre-Himalaya, ces civilisations aux déesses grimaçantes : l'Orient extrême. À Phôngsali, dans le nord du Laos, mon vélo sur une pirogue, entre les lisières denses de la jungle et ces bûcherons chinois qui y faisaient des ravages comme un obus dans un régiment au garde-à-vous. Les temples partout, dorés, vermillon comme des oranges sanguines, et ces chambres monastiques, faites d'une couche et d'un linge, sous des pales soufflant fraîchement sur la sueur des chairs. Fin de l'Eurasie, cette mère, ces entrailles ; bien avant les côtes, en retrait des mers et des littoraux. L'Eurasie ne touche ni à l'Atlantique, ni au Pacifique, ni aux mers de Chine. Elle est elle-même un océan de steppes et de monts. Géographie immensément vague, écartelée par les points cardinaux, ventre mou, corps géant de l'intérieur des plus vastes terres, peuplé de quelques millions d'âmes esseulées, quand la majorité de l'humanité se presse sur les rivages. Eurasie, ou le plus continental des continents.

À l'orée de parages populeux, on se remémorait les prémices d'un voyage entamé dans les Balkans ou, peut-être, par le dédale de Diyarbakır et les montagnes défendues du Kurdistan, sauvés des chenils hargneux par des maîtres qui nous conduisaient vers des pièces sobres, enchantées de repas servis par des femmes voilées qui ne s'asseyaient jamais à nos côtés. Dans le soir, dans le noir, on percevait les chuchotements des couples qui s'aimaient sans pashmina ni turbans, dans des soupirs étouffés. Nous nous efforcions de songer à l'ombre du mont Ararat, aux chaînes pontiques grêlées de neige, écumées de braconneurs ; aux grèves de l'Adjarie où nous laverions nos doigts poisseux et tachés de raisin juteux ; au pays de cocagne abkhaze, mutilé par la guerre au beau milieu des mandarines. Voyages à travers le Kouban, les bas de la Volga, l'aridité turkmène, la sécheresse des déserts, à mille lieues de toute mer. Républiques boudés par des fleuves monstrueux ne coulant que vers l'Arctique. C'est que, alors, nous avions un l'appétit de tout cela, une faim gargantuesque et vorace.

Les mots de l'ailleurs

Les bouses de yack se consumaient dans le poêle. On contemplait les mauvaises braises au son du vent qui dehors hurlait. Un vieillard versait abondamment le thé d'un bec noir de suie. Cela meublait. La muraille de nos langues, l'une à l'autre trop étranges, nous réduisait à des pantomimes dans l'air enfumé, à des onomatopées, des grognements. Je me disais que même les bêtes se parlent avec plus d'aisance. Notre hôte avait dégainé une carte d'identité et nous l'avait tendue en guise de conversation. On l'y voyait tout endimanché, droit, impressionné, regardant intensément l'objectif d'un appareil argentique. Sous son portrait cuivré, dans une forêt de caractères chinois, on devinait qu'il avait vécu soixante-quatorze printemps : les bouleversements du siècle, le Grand Bond en avant. Une cohue d'interrogations se pressaient dans mon crâne bien en peine de les formuler intelligiblement. Je n'ai jamais rien su de cette existence-là, de son exotique banalité et de ses secrets. L'homme, aussi déçu que nous de cette impuissance, avait fini par user les piles d'un vieux poste radio à la lueur vacillante des bougies consumant leur cire, dans les grésillements des ondes défaillantes. La pénombre donnait à nos sourires niais des reliefs de grimaces. Sur les peaux de yack, au seuil du sommeil, les yeux grands ouverts, je m'étais promis de ne plus jamais rester sans voix dans mes tribulations. Misère de ces voyages de sourds-muets, où vous n'entendez rien des locutions de l'autre ! Vanité de ces rencontres coites, aux gesticulations navrantes tentant laborieusement d'exprimer l'évidence. Autisme de cet ailleurs-là.

Au Sikkim, je me suis plus tard initié au tibétain, négligeant la rédaction de ma maîtrise de géographie pour laquelle je voyageais. Une réfugiée qui avait fui le régime chinois par un haut col himalayen me prodiguait ses enseignements en matière d'alphasyllabaire. Les voyelles lévitaient au-dessus des consonnes comme les cumulus coiffaient les cimes. On voyait par une embrasure les lointaines neiges du Kangchenjunga et des pentes interminables de théiers mouchetés par les tuniques vives des ouvriers. Je n'ai jamais rien retenu que l'application aimable de Phurba et l'élégance de ces écritures que je maltraitais. Ce furent malgré tout des heures studieuses où je réalisais cette lubie occidentale d'une réincarnation culturelle. J'allais chaque matin, mes livres sous le bras, ânonner des trivialités aux sons sibyllins. Je jouais les Champollion. Je sacrifiais à un des rituels du voyage qui exige qu'on finisse par s'arrêter quelque part, pour cesser d'être un passant, pour un dépaysement qui ne soit plus frivole.

Mon sujet de recherche concernait l'Himalaya mais je relevais alors vaguement d'un institut à la douceur coloniale, sur le front de mer de Pondichéry. Il avait fallu en rapatrier une camarade d'étude avant terme. Elle avait vu Vishnou, Shiva et un éléphant à dix trompes. Elle nageait dans un sentiment océanique béat, cherchant à fusionner avec l'Univers dans le boucan des klaxons, la puanteur des rues, les cris des vendeurs de camelote et l'apocalypse architecturale du sous-continent indien. Le front orné d'un troisième œil en curcuma, elle rejoignait les grappes d'Occidentaux échoués dans les ashrams. Ils y adoraient des dieux étrangers dans quelque chose comme une initiation sacrée.

Je suis resté désespérément étanche à la perdition que proposent les panthéons exotiques. Chacun d'entre nous a ses voix intérieures. Chacun possède sa terre promise. La mienne nichait ses immensités dans le ventre de l'Eurasie. Pourquoi la Russie mélancolique plutôt que partir fonder une start-up en Californie ? Le caractère, voilà le vrai maître de nos destins, notre humeur, notre sensibilité qu'on ne choisit pas, dont on ne se débarrasse pas, qui nous tuera. Nos destinations en disent long sur nos âmes. Un jour, il m'a pris l'envie de confesser la Russie de ses milles péchés, d'éponger la tristesse, de soulager l'affliction des moujiks abreuvés, des babouchkas ployant sous le poids des années. J'ai voulu comprendre les gaillards nouveaux riches et leurs courtisanes aux bagues adamantines. J'ai voulu tout déchiffrer de ce pays, trimbaler partout un dictionnaire aux lettres d'or. Il est l'unique souvenir que j'ai conservé de ces va-et-vient, rafistolé, la tranche noire de saleté, mutilé par mon apprentissage. Comme s'il représentait l'essentiel, comme si explorer un idiome s'était révélé être le plus beau des voyages.

Omsk, vaste ville industrielle sibérienne. Aux ordres d'une Olga Sergueïevna qui nous dictait cruellement du Tolstoï. Nous – avec quelques étudiants chinois – maîtrisions à peine l'alphabet majuscule et fourvoyions nos poignets dans le monde obscur des cursives cyrilliques. Enseignement sans charité d'une professeure flegmatique et qui se prolongeait le soir dans les magasins de quartier. Les rayonnages s'alignaient derrière un comptoir, gardés par une dame-cerbère à laquelle il fallait commander, en la nommant, chaque denrée. J'ai appris à parler le russe dans ces échoppes où une file de bougres pressés de s'enivrer trépignaient dans mon dos. La vendeuse, invariablement volumineuse, au tablier à froufrous gonflé d'une poitrine massive, s'irritait de mes syllabes mal accentuées. Elle fronçait les sourcils en s'agaçant de mes tâtonnements linguistiques, à moins qu'elle et tous les clients qui patientaient n'éclatent de rire violemment. Je n'ai, les premiers mois, cuisiné que des pâtes et ce que me permettait de douceurs mon vocabulaire culinaire. De même que j'ai manqué dix fois mon arrêt dans les minibus qui ne freinent qu'à la demande à travers les boulevards staliniens. Fallait-il oser les premières fois, hurler sèchement au chauffeur ces mots farcis de consonnes par-delà le vacarme du moteur, dénonçant soudain son étrangeté à ces visages de marbre qui se tournaient avec dans le regard comme une stupeur !

Les rouages des déclinaisons étaient enseignés en langue originale. Un jeune professeur fraîchement débarqué d'un village du Grand Nord s'évertuait à nous mimer le bon emploi de l'instrumental ou du génitif. Chaque matin, le brouillard épais qui baignait jusqu'aux termes les plus anodins se levait un peu plus. Je faisais des découvertes capitales au coin d'une rue, en élucidant le mystère d'une simple affiche; ou quand je me résignais à aborder un passant, égaré que j'étais dans les cités labyrinthiques. Il m'indiquait longuement ces itinéraires passe-murailles se faufilant par les cours et les barres khrouchtcheviennes. Pas à pas je défrichais les subtilités agglutinantes de cette langue. Je parvenais enfin à isoler les mots inconnus dans le magma des logorrhées. Je les notais phonétiquement dans un carnet pour mieux les retrouver le soir dans mon dictionnaire.

Il y avait l'ami Micha, barde maudit qui redoublait d'imagination pour oublier discrètement sa guitare chez les jolies filles où il se produisait. Il revenait ensuite leur conter fleurette en tête à tête au prétexte de la récupérer. Cela ne réussissait guère car, comme tous les hommes, il était de l'automne alors que les femmes sont du printemps. Il composait des odes navrantes à la vie quand elles réclamaient la gaieté et l'insouciance. La musique fut une manière entêtante de s'imprégner des mots et de leurs sons. Au timbre de voix en détresse, elle faisait vibrer chaque lettre dans des trémolos et des diérèses qui gravaient l'orthographe à même le cœur. J'étais suffoqué par cette mélancolie, les prunelles perdues dans les zébrures des murs ou les écornures des papiers peints. Je me souviens de la ligne des nuages au loin par une fenêtre en bois et les traits presque en souffrance de visages sans une larme. On restait accablés de beauté, empreints d'une tristesse sans amertume qui aiguisait un trouble dont l'art a seul le secret. Il y a quelque chose comme un paradoxe à jouir de notes à fendre le cœur.

Des soirées entières, perdus dans la voix et les textes de Svetlana Surganova, chanteuse pétersbourgeoise touchée par la grâce de la poésie. La sienne, celle des autres aussi. Les textes d'Anna Akhmatova, Joseph Brodsky, Tatiana Khmelnik et d'illustres inconnus. Âmes humaines pour qui quelques vers suffisaient à vouloir vivre envers et malgré tout. La poésie, stade suprême de la littérature, forme la plus aboutie de nos effarements et de nos déchirements. Exercice périlleux au XXIe siècle alors que les écueils du pathétique ont essaimé partout en Occident. Les Russes osent la pratiquer encore et nous nous livrions à une scansion presque religieuse, oubliant jusqu'au sens, nous contentant de l'harmonie des paroles. Elles insufflaient un émoi qui pétrifiait le regard tandis que décantaient des tourbillons intérieurs. J'ai plongé dans cette évocation du tragique, dans les lamentations qui résonnaient si justement. J'en suis resté marqué au cœur et au corps. Il m'arrive de fredonner ou de réciter des bribes dont la froide signification d'une traduction me paraît si insipide.

Bien sûr, il y avait aussi l'allégresse et l'humour que je trouvais dans la compagnie des comédiens. Combien de soirées ai-je passées dans les théâtres de chambre et les grandes salles aux tapis andrinople ? Je ne comprenais pas tant la signification des répliques que le sentiment précis qu'elles décrivaient. Je passais en coulisse, saluer dans leurs loges des amis qui se métamorphosaient sur les planches avec le plus grand naturel. À la sortie des représentations, ils s'étaient débarrassés de ces personnages qui les avaient possédés sur scène. Les trois sœurs de Tchekhov redevenaient des filles du plus bel ordinaire qui s'exprimaient sans emphase. Oncle Vania changeait soudain de registre lexical et c'était un tout autre apprentissage.

Posséder une langue fait sauter toutes les barrières. On passe de l'autre côté du miroir des apparences, on pénètre l'envers du décor. Il fait soudain jour dans le quotidien du voyage et l'on relativise la frénésie spatiale, la course aux hauts lieux. L'essentiel devient banalement campé par n'importe quel passant, les altercations, la moindre relation que l'on tisse ; non plus par les monuments ou les paysages. Langue, odyssée majeure où l'endroit le plus anodin se fait conteur. Les êtres ne sont plus ces visages sibyllins que l'on tente vainement de lire. Le verbe est la véritable acuité du vagabond, il attrape les interjections au vol, il fait parler les graffitis, et même les comptines d'enfants nourrissent la pensée. On devient intime de l'étranger, on recueille les confidences des peuples.

Avec le verbe, on déboussole ses points cardinaux. On appréhende des points de vue tranchant violemment avec ses évidences. Les pays russophones sont souvent des compartiments étanches dans l'océan de la mondialisation. Ils sont engagés sur d'autres voies, avec plus ou moins de bonheur. La langue russe – et non pas seulement la Russie – a été mon initiation à un monde absent de nos écrans, de nos ondes radio, du creux de nos assiettes. À quel point la France est tournée vers l'outre-Atlantique et l'ultra-Occident dans ses goûts, ses références, sa création même. Le Ponant polarise notre géographie culturelle. L'Est reste à nos compatriotes une contrée ardue, terre de spoutniks et de Tchernobyl, génie et cataclysmes, Goulag en tout genre.

Qu'il s'agisse du mandarin, du perse ou d'autres langues civilisationnelles, on acquiert avec les mots un billet pour d'autres planètes qu'autrement on aurait survolées. J'en avais vécu auparavant de ces tribulations épidermiques qui prétendaient pourtant pénétrer le monde jusqu'à sa moelle. On brassait les pédales de pauvres bicyclettes en Bolivie, en Adjarie, n'importe où. Des expéditions de mules avec œillères trimant sous des soleils de plomb, dans les klaxons furieux des camions dévalant les monts. J'ai avalé les perspectives, ou triché en m'accrochant derrière les tracteurs des campagnes laotiennes, ruisselant de sueur. Hardiesse naïve de globe-trotteurs croyant que la Terre leur serait expliquée par des rictus enjoués et des pouces levés. Nous prétendions par le truchement de notre modestie à la vérité d'un pays. Le tourisme c'est quand on raque, le voyage quand on radine. Ce faisant nous passions à côté de bien des lumières.

Les « baroudeurs » sont-ils vraiment de fins témoins du monde ? Avec le temps, j'ai compris que les négociants, les ingénieurs, les marins, tous ceux qui ont de véritables raisons de sillonner le planisphère font parfois de plus fabuleux défricheurs et de plus subtils connaisseurs. Le commerce a été l'un des catalyseurs de l'exploration et les affaires sont la grande charpente du siècle advenu. Ausculter en médecin les patients d'autres latitudes, poser un œil averti sur des cultures vivrières, être autorisé dans les temples industriels, négocier avec des corps d'État, regarder le monde par l'œil de son cyclone financier. User de ses mains et de sa sagacité plutôt qu'être l'éternel spectateur applaudissant ingénument ce qu'il n'entend que vaguement. Les récits les plus éminents émanent plus fréquemment de ceux qui ont eu accès aux arcanes que des tour-du-mondistes à la rue.

Au XXIe siècle, le voyageur n'est plus un être rare, l'ambassadeur de toute une civilisation, qu'on aurait jadis reçu dans les cours et les palais. Nous ne sommes plus des Marco Polo. L'étranger de passage est renvoyé à son évidence, repoussé vers les ghettos touristiques, et le voyage est dès lors mieux servi par une résidence. On ne peut se contenter de collectionner les drapeaux. On découvre rarement une région en un seul périple. Il faut un jour concentrer ses allées et venues sur une terre d'élection. Voyage ô combien plus profond que celui de la sédentarité dans l'altérité. L'immobilité studieuse, les relations que l'on noue dans des rencontres répétées, débarrassées du vernis de l'instant. Ce soudain piétinement géographique, qui introduit avec le temps derrière des portes closes au passant, qui ancre dans une société. On troque soudain l'abîme de l'horizon contre le vertige d'une cité. La traversée des mondes est aussi verticale.

Les coiffeurs coiffent négligemment ceux qui partent, la police les soulage sans remords de leurs dollars, les serveurs peuvent bien les abreuver de liquide frelaté. Ces clients-là s'évanouissent dans le lointain et ne reviendront de toute manière jamais. Les vagabonds sont toujours mal servis. Un jour on pose ses valises pour revoir, sobre, les têtes ahuries du fond des nuits, pour s'assurer que les rencontres inopinées accouchent de vraies amitiés, pour avoir de la suite dans le voyage. Un ministère vous délivre un visa qui ne porte plus la mention « tourisme ». Je n'ai jamais déploré la routine casanière des villes où j'ai posé mes valises. Je ne me suis jamais repenti d'avoir renversé ma bière sur une attachée d'ambassade qui m'embaucha séance tenante à Vladivostok. Le voyage de l'idiome réclame une présence insistante et de s'investir dans une société plutôt que de papillonner. Remonter les sources. Il s'agit, par la langue, de s'approcher au plus près des autres.

Je n'ai jamais regretté de m'être assis pour des allers simples dans les ultimes vols civils de Tupolev. J'ai découvert là-bas un vocabulaire qui m'a aidé à vivre et un humour qui mettait des mots sur les maux. Aurais-je trouvé le même réconfort dans le mandarin, le malgache ou l'inuit groenlandais ? J'imagine aisément la félicité de ceux qui sont allés au bout de ces aventures linguistiques. J'envie les périples et les errances dans les royaumes enchantés de l'arabe, de l'hindi ou du persan. Si j'ai pu déchiffrer quelques caractères chinois, acquérir des rudiments de japonais et des miettes de coréen, ce ne fut jamais que pour perfectionner ma connaissance du russe. Je jonglais avec les tons et le hiragana sous la houlette de professeurs sibériens, sans plus passer par l'alphabet latin et ma langue natale.

En quelques mots, on se fond dans le paysage avec une assurance qui vous offre l'indifférence. Il n'y a pas d'état plus plaisant que cet anonymat que procure l'apprivoisement laborieux de nuées de syllabes. Encore fallait-il présenter un visage un tant soit peu familier. L'illusion de la parole dépend cruellement de la crédibilité de ses traits. Je me suis glissé avec ma gueule de Caucasien dans l'humanité de cette Eurasie riche de ses déportations, de ses exils et de ses exodes. On m'a souvent pris pour un Russe ou assimilé à cause de mon phénotype et sur la foi de mon expression. J'ai tout entendu à mon propos, Arménien, Kazakh, Estonien. L'essentiel était qu'on n'imaginât pas mon occidentalité, mon statut de ressortissant de ce que Moscou appelle l'« étranger lointain ».

Certes, j'ai parfois eu une pensée émue pour la route. Chaque fois que je l'ai reprise, ce fut à travers l'Eurasie que la lingua franca russe m'offrait sur un haut plateau. Dans les montagnes du Pamir, les ismaéliens palabrent avec les Kirghizes par son truchement. Ils jurent à l'aide de ces gros mots qui ponctuent partout les phrases, des nomades de l'Arctique aux Ossètes en passant par les Kalmouks et les Yakoutes. Et, dans les villes abandonnées du Grand Nord – longues tristesses à l'âme que sont les cités mortes –, les affiches gondolées, les inscriptions gravées sur les portes rouillées pleuraient le passé. Le russe reste une puissante langue de fraternisation, qu'elle soit ou non officiellement reconnue par les Constitutions.

Quel monde s'est offert à moi ! L'Asie centrale tout entière, les frontières orientales de l'Europe, les monts reculés du grand Caucase, le cosmos même ! La langue de Pouchkine a été la première parlée dans le vide interstellaire. Les astronautes de tous pays doivent se résigner à la bafouiller aussi loin qu'aujourd'hui. Fierté sans bornes d'une patrie encore plongé dans les hauts faits de son histoire immédiate, quelque chose comme un syndrome de Gagarine. Ces fusées testées sur un chenil de laïkas par un ingénieur qu'on était allé chercher au goulag. Cette « science soviétique », un temps ambassadrice du genre humain, malgré l'incorrigible superstition des Slaves. Les sondes spatiales ornées de gerbes de blé encadrant une Terre irradiée de soleil et surmontée d'une étoile rouge. Elles s'écrasaient sur Mars, la Lune ou Vénus. Qu'importait ! Elles n'en étaient pas moins pionnières !

Nostalgie ordinaire en Russie poutinienne. Honneur d'un peuple tout entier, humilié par l'ivresse chancelante de Boris Eltsine aux tribunes et les usines de missiles soudain condamnées à produire des petites cuillères à la chaîne. Le cosmos, épopée enchanteresse du communisme le plus terne, apogée de l'URSS. Aujourd'hui encore la légendaire photo de Youri Gagarine illustre les affiches du Parti communiste, barrées du slogan « La Russie sera à nouveau leader ». Quelque part sur la Lune, des pièces d'aluminium frappées de l'effigie de

Lénine jonchent pour l'éternité un sol stérile et glacé. Des symboles qu'aucune révolution ne pourra jamais abattre…

Depuis des siècles, le pouvoir russe est aussi vertical que le pays est horizontal. L'Occident se focalise sur Vladimir Poutine comme si un autre à sa place résoudrait autrement l'insoluble équation. Les Russes sont tourmentés par leur place sur l'échiquier. Ce qu'ils inspirent à l'étranger les obsède. Ils ont été habitués à tous les conseils supérieurs de toutes les institutions mondiales. Ils sont touchés dans leur chair lorsque l'OTAN s'immisce sur la peau de chagrin de leur aire d'influence. Vivre parmi eux ou ensuite chez les Ukrainiens, ce n'était pas être l'un des leurs, c'était s'essayer à un examen différent de celle de la raison. Éprouver un quotidien, écouter d'autres sanglots. Il faut voyager pour prendre le pouls du monde. Il ne s'agit pas seulement d'être « bien informé », dans une empathie sélective. On ne peut pas aveuglément prendre chaque fois parti pour celui qui se trouve le plus à l'ouest.

J'ai voulu exprimer ces ambiguïtés lorsque j'officiais dans le Donbass, aux prémices de la guerre. Certains m'ont aussitôt collé dans les chancelleries un procès en affinité, via des formules allusives et alambiquées. L'exercice d'un esprit critique y semblait d'une impardonnable insolence. Tous les exilés volontaires et les polyglottes ont connu cela. Voyager trop loin, c'est s'exposer aux soupçons des siens. Lorsque j'ai quitté le Donbass en 2014, mon supérieur n'a pas formulé le moindre commentaire au sujet du rapport qui clôturait mes quatre années d'expatriation et racontait la naissance et la mort de l'Alliance française. Il n'a corrigé qu'une seule chose, en rouge, méthodiquement, laborieusement. Chaque fois qu'apparaissait le nom d'une ville de cette région russophone, sa fine plume ukrainisait le toponyme. C'était le même qui m'avait fait visiter le champ de bataille de Maïdan à Kiev, en désignant les révolutionnaires d'un « les nôtres » révélateur quant à son recul.

Étrange pays dans lequel la langue que j'avais apprise devenait un enjeu plus ou moins nié. Je remarquais les précautions culturelles dont se paraient les conversations par opposition à l'ennemi désigné, par la peur qu'on vous confonde avec. Un représentant de parti nationaliste, qui, pour entendre fort bien la langue de Pouchkine, ne m'imposa pas moins le truchement d'un interprète. Ces journalistes fraîchement débarqués qui confondaient les idiomes dans leurs dépêches. Dehors, la misère croissante, le désarroi, et moi qui n'étais pas d'ici, mais qui me demandais à quel point connaître le russe m'engageait plus qu'un simple étranger.

Hormis des leçons, je n'ai gardé de cette guerre qu'une longue cicatrice sur le haut du crâne, assommé dans les profondeurs baroques d'un bassin soviétique. Le cuir chevelu – *skalp* – bâillait ; l'eau, très froide, se teintait de volutes vermillon. Deux gaillards m'en avaient extrait, j'avais pu remonter à la surface. Je gisais, blême, sur une mosaïque de carreaux. Les rares baigneurs tournaient de l'œil tandis qu'une brave infirmière s'activait en soufflant bruyamment. Je l'entends encore répéter sans cesse ces mots : *ne ukhodi, ne ukhodi...* et puis elle invoquait Dieu au vocatif, une vieille déclinaison qui n'a plus cours. « Ne t'en va pas, ne pars pas... » et moi je souriais dans ma douleur de ces mots qui lui sortaient du cœur, de cette manière de dire. Je m'efforçais de ne pas céder aux sirènes de l'évanouissement, au vertige qui faisait danser son visage. J'ai été recousu à l'ancienne dans l'hôpital régional où affluaient des blessés du front, un peu gêné qu'on prélève dans les rares stocks de gaze de quoi enrober mon crâne.

Dix ans des Carpates à Vladivostok, de Magadan à l'Abkhazie. Quand on sait que sur cette Terre reposent aussi le rocher Uluru et les plages de Zanzibar, il était temps de s'extirper du piège sibérien et des querelles des Slaves. Il m'arrive de laisser échapper en français des néologismes audacieux, inspirés de tournures incompatibles avec notre grammaire. Les mots, voyage qui ne prend jamais fin, qui se poursuit dans les livres, les recueils de poèmes, le cinéma ; chant d'un monde que vous avez seul connu. Pays lointain que l'on retrouve dans un journal ou les divagations de locuteurs impromptus, aussi inconnus qu'étrangement familiers. On se remémore alors un rivage aimé dont on ne peut partager l'expérience qu'avec les âmes initiées. Là-bas, « ailleurs », ce mot français auquel je n'ai jamais trouvé d'équivalent russe.

Voyage en saison

Pour connaître des plantes étranges et s'être extasié devant les mille tableaux de la Terre, le voyageur n'en parvient pas pour autant à apprivoiser une nature autre que celle où s'est écorchée son enfance. Je me suis éveillé dans le silence des forêts de chez nous et l'odeur de la terre détrempée après les ondées, dont les gouttes dégoulinent des branchages. Il me semble appartenir à un écosystème natal dont j'aurai toujours et partout la nostalgie. Il ne faut pourtant pas exclure de le trouver aussi loin que dans l'autre hémisphère.

Lors de pérégrinations désordonnées en Amérique latine, la boussole détraquée, zigzaguant sans dessein, sans bonheur, un embranchement avait soudain proposé Montevideo. Va pour l'Uruguay, et je m'étais satisfait de ce nouvel horizon, sans ardeur ni désarroi. On verrait les rives du Río de la Plata, on jugerait du monde en cet endroit. Alors qu'ici, au Paraguay, il restait inondé d'un soleil égal ou gorgé de pluies crevant les grasses nuées. Le paysage intertropical que je quittais était vert immaculé. La zone équatoriale semble le centre de l'Univers. Comme si le Soleil lui tournait autour. Elle se fiche éperdument de notre voyage cosmique et du manège vertigineux des saisons.

Les douaniers avaient cruellement fait pleurer une jeune Indienne sur le Puente international qui mène au Brésil. Ses grands yeux légèrement étirés échappaient des larmes dévalant le relief grossier de son visage. Une natte de jais aux cheveux épais, brute, sans froufrous, sans papillons, sans couleur, emportait tout vers le côté droit de son crâne. Elle m'était belle d'être triste, et puis la nuit s'était abattue comme elle en a l'habitude à ces latitudes, telle une vieille fille routinière et sage, sans errements, sans exceptions. J'étais las de ces crépuscules trop assidus et de ces plantes de cocagne, aux feuilles trop larges.

Nous avions roulé à travers le plat pays des gauchos argentins, et, au matin, était apparu Montevideo, ce port vaguement méridional. On voyait des palmiers sur les plages, certes, mais aussi de grands platanes perçant des trottoirs, piquetés de feuilles défaites par un automne improbable. J'avais oublié jusqu'à son éventualité en ces contrées. Nous étions en mai. Les terres australes recevaient une lumière caressante, les températures chutaient avec le soir. Surprise d'une saison si familière retrouvée aux antipodes, vieille connaissance que cette rousseur sur les arbres.

J'aime l'automne. Il est quelque chose comme mon optimum climatique. J'échange tous mes congés aoûtiens contre vos mois de septembre et octobre ; avril et mai aussi, de l'autre côté du globe. Le « hors saison » est fait de mille nuances méprisées par la dictature juilletiste. Certains chassent les cyclones, je me suis mis à poursuivre l'été indien chaque année, à concevoir des itinéraires cosmiques, selon les révolutions de la Terre. Je guette les solstices, je prends des départs astronomiques. Je me déplace avec les saisons, pas les périodes touristiques et les calendriers décrétés par les ministères, mais celles de la mécanique céleste. C'est peut-être ma manière de communier avec l'Univers.

*

Il est une autre saison que j'affectionne, intermédiaire, nomade, tel un oiseau qui vole vers les pôles. J'ai tenté de la suivre, des abords du Maghreb au cercle polaire. J'ai commencé à Malte, aux environs de mars. Douceur d'une île délestée de sa masse d'estivants. Quelques fleurs bourgeonnaient entre les pierres des citadelles chevaleresques. Les promeneurs cherchaient la lumière hors des ruelles de La Valette, qui protègent en juillet des canicules ordinaires. Les criques azur étaient épargnées par les hordes. La mer, partout, avec son bleu moucheté d'écume, comme le ciel est moutonné de nuages. Nous explorions l'exiguïté insulaire. J'avais trouvé l'endroit où le printemps naissait.

Je l'ai revu le mois suivant aux latitudes balkaniques. Avril en Albanie. Qu'imagine-t-on quand on évoque l'Albanie ? Un pays ermite en proie à l'anarchie postcommuniste. Un État gouverné par les mafias, et l'islam au dernier degré à chaque pas du visiteur. Le voyage en Albanie balaie d'un revers de la manche toutes ces idées folles. Immense amabilité de son peuple, majesté des montagnes s'affalant dans la mer Ionienne, modernité pondérée de sa capitale et rare entente mahométane avec une chrétienté des premiers jours. Il faisait tiède sur les plaines, et, si l'on s'ombrageait, c'était pour l'élégance des branchages et les bourgeons s'ouvrant en jeunes pousses. On hésitait à se baigner dans les calanques au bleu profond tutoyant Corfou, froides encore mais réchauffées de quelque chose comme une promesse.

Rares sont les échos d'Albanie. Elle se tenait à l'écart de la Yougoslavie, ceinte d'un rideau de fer, étourdie par le régime stalinien d'Enver Hodja. Un trou noir géopolitique que contournaient les routards pour rallier la Turquie ou la Grèce en 2 CV. Tito les laissait s'échapper vers les Indes, à travers l'Iran et l'Afghanistan, Graal des Trente Glorieuses du voyage. Aujourd'hui, l'Albanie aspire à l'Europe, en face de l'Italie vers laquelle ont migré des centaines de milliers de ses ressortissants depuis le port de Vlorë. À tel point que, sur la côte, on peut s'exprimer en langue romaine sans jamais étonner. L'Albanie respire la Méditerranée. Les olives sur les marchés, les parcs où les vieilles gens attendent la mort dignement sur les bancs, en costumes amidonnés, sous des chapeaux démodés. Les veuves de noir vêtues, parées de chagrin, assises sous les derniers bas-reliefs socialistes où des héros du cru évoquent, telles des fresques antiques, une époque révolue.

Le camarade photographe qui m'accompagnait tirait religieusement le portrait de vieillards burinés, comme si les rides offraient l'absolution. Je me demandais ce que leurs yeux avaient pu voir, ce que leurs mains ravinées avaient pu faire. Hodja expérimentait sur son peuple les purges, l'érémitisme politique, la dictature culturelle. Quel rôle avaient eu tous ces inconnus anoblis par l'âge dans cette danse macabre ? Il ne reste presque rien des quarante années de dictature, rien que quelques bunkers qui n'ont jamais servi, sur les hauts cols. Des cols franchissant les crêtes nord du Pinde, aux montagnes encore tachées de neige, aux cimes se coiffant coquettement de nuages.

Nous avons vraiment trouvé le printemps à Butrint, dans la luxuriance d'une forêt de chênes-lièges et des ruines gréco-romaines. L'Antiquité s'y exposait dans la phosphorescence et l'explosion de chlorophylle. Un théâtre au toit de ramures, aux gradins polis par le temps. Des déesses de pierre, aux yeux révulsés de plaisir sous la caresse de la brise. Puis ce fut l'intérieur des terres et Gjirokastër, les nuits d'avril encore passablement fraîches, les gelées sur les vignes. Quand on poursuit les saisons intermédiaires, on ne porte que les collections printemps-automne. Une mode certes pudique mais malgré tout légère. On grelottait le soir, pressant le pas sur les pavés de la vieille ville mal éclairée, le long des murs de la maison natale de Hodja. Les fascistes italiens avaient fait résonner les talons de leurs bottes sur ces mêmes chaussées inégales, poussant les résistants au maquis et engendrant comme partout le communisme dans le combat contre les forces de l'Axe. Albanie, la « sentinelle de Staline » ou le Cuba de l'Europe.

À Përmet, un soldat héroïque et figé dans la roche d'une statue. Très rares femmes voilées traversant la place et petit autel chrétien dans le restaurant où nous sommes attablés. Puis la piste hasardeuse qui mène par les montagnes à Korçë, entre fleurs d'avril et dernières flaques de neige. Les lacets sont encombrés de troncs que débitent des bûcherons se croyant seuls au monde. Près d'un village isolé, un vieux tracteur laboure un champ avare avant les semailles. Des caractères chinois s'étalent sur le capot, souvenir de l'aide industrielle maoïste. Frivole, Hodja avait rompu avec l'URSS de Khrouchtchev pour embrasser la République populaire de Chine. Les épouses russes d'Albanais avaient été déportées vers des camps de travail. Tant de labeur forcé, d'enfants de la patrie sacrifiés pour l'avènement d'un homme prétendument nouveau, que personne n'a jamais vu. Et dans ces montagnes, l'indigence, la gueule âpre des habitants, la démarche fatiguée des femmes, les embrasures béantes et vent, froid, qui repoussent le printemps.

À Korçë les classiques, le cimetière français de la Première Guerre, le musée d'icônes flambant neuf où il faut pourtant demander qu'on vous allume la lumière. L'Union européenne a financé la construction mais ne règle pas les factures d'électricité. Je suis resté bouche bée devant ce florilège d'art byzantin, entre empires d'Orient et d'Occident. Imagine-t-on l'Albanie dans des volutes d'encens avec des vierges Marie ? Avec l'ami qui écumait les rues de son objectif, nous avons échoué sur une étrange place, encombrée de mobilier comme un intérieur à ciel ouvert : des chaises, des tables, des buffets. Nous nous sommes exposés au tiède soleil d'altitude. On nous a rempli des tasses d'une infusion de crapaudine. Le fond de l'air était frais et cela aurait pu être le printemps comme l'automne. Magie des saisons que seuls réchauffent les rayons. Nous sommes repartis entre les églises juchées sur les éminences, les modestes mosquées, les ruines de châteaux ottomans du lac Ohrid. Et ce jusqu'au clapotis des eaux et les poissons brandis par les pêcheurs dans les pots d'échappement des Mercedes à bout de souffle, zigzaguant entre les lourds camions.

Qui sait placer l'Albanie dans la géographie capricieuse et mesquine des Balkans ? Il n'y a guère que les diplomates pour se tenir au fait des spasmes balkaniques, des nationalismes s'entrechoquant au Kosovo ou en Macédoine. Les Albanais d'Albanie eux, sont tournés vers la mer et sa plaine côtière, son vernis d'islam. À Tirana, dans la cité interdite du Block, nous démaquillons du regard les filles lourdement fardées. J'ai vu moins de femmes voilées en un voyage en Albanie qu'en une journée à Paris. À la galerie d'art, les thèmes inébranlables du monde socialiste : une huile figurant un ouvrier œuvrant à l'électrification, des brigades féminines dévouées à l'alphabétisation, des résistants embusqués contre l'occupant nazi, des mineurs de fond, des métallos devant leurs hauts-fourneaux.

Je m'imagine dans la Tirana d'aujourd'hui ce que fut la dictature du prolétariat ici. Au marché, on chine de vieilles médailles des vingt-cinq ans du KPSS, des appareils photo Zenit, Koroll ou Zorki et d'autres effigies de Hodja ou Lénine. Nous déambulons à l'ombre de l'ex-ambassade d'URSS, dans l'ancienne rue Staline qui aboutit à des colonnes et des arcades mussoliniennes. Alentour, des restaurants branchés, des jeunes chiquement sapés, de grosses cylindrées ou bien la modestie ordinaire. La famille Hodja elle-même s'est recyclée dans les affaires. Les immeubles, neufs d'hier ou décrépis d'antan, se pressent vers le ciel, l'architecture est débridée, la rivière trop fluette peine à charrier la saleté, la jeunesse caracole dans les rues en désordre. Tirana n'a pas été des guerres balkaniques, aucun quartier n'est éventré, aucune génération n'a été sacrifiée et tout est assourdi par l'érection d'une imposante mosquée dont le chantier est financé depuis l'étranger.

Il faut remonter la côte pour se prémunir des chaleurs qui affluent. Le printemps a pris la poudre d'escampette. Nous traversons des stations balnéaires vides face à la mer, où l'hiver tout est désert et l'été tout est à louer ou à vendre. Le béton coule dans une géométrie scolaire. Des milliers d'Italiens se préparent à débarquer pour un été concentrationnaire. Voyager avec les saisons intermédiaires, c'est prendre les estivants à contrepied, retrouver une certaine rareté de soi et de ses pareils. Au nord, la mer ionienne devient adriatique. Nous quittons brièvement la côte pour errer à travers un gigantesque complexe chimique à l'abandon, du côté de Mamurras où nous sommes aussitôt coursés par des ferrailleurs en colère. Démarrage en trombe. À Shkodër, nous bifurquons vers une chaîne plâtrée d'une épaisse neige, fraîche, lourde – hier encore, les flots scintillaient dans un air saturé de lumière. Sous l'occupation ottomane, ces contrées isolées sont restées farouchement et tribalement chrétiennes. Même le printemps n'y parvient guère. Avril en hiver. Notre voiture patine dans les flocons de la veille, sous des nuées sombres qu'éclairent quelques coiffes blanches, dans un village d'un autre siècle.

De l'Albanie au Kosovo, on passe sans même s'en apercevoir. La douane est fantôme et le drapeau sanglant de l'aigle à deux têtes flotte de part et d'autre de la frontière. Nulle trace du fade emblème dessiné par les tuteurs internationaux. Voici pourtant l'ex-Yougoslavie. Le Kosovar est un Albanais des montagnes. Il donne à sa nombreuse progéniture des prénoms patriotiques. Il a gagné la bataille démographique contre les Serbes. Sa jeunesse est populeuse et sans avenir. À Prizren, je trouve un pont de pierre et une forteresse ottomane, comme partout dans ces confins musulmano-chrétiens, où chaque clocher a été un minaret et inversement. Je regarde la cité depuis la hauteur, ainsi que n'importe quel voyageur à l'approche du soir. Le reflet est écru sur les sommets marqués par l'hiver.

Le lendemain, sur la route, une église orthodoxe abandonnée, bouclée de barbelés. Je distingue une croix aux branches brisées. Le Kosovar est un Albanais radicalisé par la guerre. À Dečani, les fresques médiévales du monastère serbe, l'encens, le christianisme des premiers saints et des martyrs romains font oublier les checkpoints de la Forpronu. Des Italiens casqués veillent de leurs mitrailleuses sur un havre de paix. Le verger des moines explose en fleurs d'arbres fruitiers.

À Pristina j'arrive en même temps qu'un ancien chef de guerre accusé par la Serbie et libéré par la France. Il est accueilli par des salves de kalachnikov, un concert et des vétérans de l'Armée de libération du Kosovo. Le même jour, on s'est bagarré aux poings dans le Parlement macédonien. Les Balkans sont un volcan endormi. L'appel à la prière résonne à quatre heures du matin et, à sept, les lycéennes trottinent vers l'école en jupette. Le soir venu, sur le boulevard Mère-Teresa, des jeunes filles en fleur déambulent sans pudeur. Au théâtre, les actrices finissent nues sur scène, dans une pièce contemporaine intitulée *Bordel Balkan*. À quelques encablures, à deux rues peut-être, des échoppes rigoristes lorgnent autre chose que l'Europe, ne font commerce d'aucun alcool.

Je pars pour Mitrovica et me loge du côté serbe de la ville. Vers trois heures du matin, trahi par ma constitution, je dois me mettre en quête d'un médecin. Je réveille brutalement un gardien macédonien qui se met à débiter mécaniquement des phrases en russe, vestige mental d'une époque aussi âgée que lui. Tout est noir de ténèbres, quelques rues et l'hôpital désert où l'on entre comme dans un moulin. Il a pourtant dû entendre bien des râles. Pas un médecin, pas une infirmière de service. À l'aube, je retourne précipitamment à Pristina où l'inverse n'est pas plus agréable. Les lits sont bondés, les familles entourent les blessés, se lamentent pour répondre aux râles. Je dois traverser tout un quartier de la ville, mon bras percé d'une perfusion, tenant de l'autre main une seringue. L'hôpital public prélève le sang mais l'analyse se fait dans un laboratoire privé où l'on se rend par ses propres moyens. Le temps que je déniche l'adresse, au milieu de la circulation, il y a eu hémolyse....

Je m'en remets à mère Teresa, dont la mémoire omniprésente est revendiquée à travers tous les Balkans. Née dans une famille catholique albanaise de Macédoine, sa confession minoritaire n'inquiète nulle part. Pas plus, désormais, que ces villages serbes où l'on paie en dinars serbes, en parlant serbe, sous le drapeau serbe qui lui aussi est un aigle à deux têtes. Gračanica accueille les visiteurs par une litanie de disparus dans les atrocités de la guerre. Au monastère – merveille du monde –, une inscription rappelle l'amitié franco-serbe. En 1916, l'armée de Belgrade en déroute fut recueillie sur la côte ionienne par la marine française. Des nonnes tout de noir vêtues, traversent la pelouse et ses éclosions printanières. Les arbres sont presque tous en fleur, l'herbe du cimetière est fraîchement fauchée.

On franchit au Kosovo des frontières intérieures, des fossés invisibles. Le pays est une mosaïque à deux couleurs. Le drapeau officiel ne flotte guère que sur les bâtiments des organisations internationales, soutenant artificiellement un État aux réalités parallèles. J'ai fui plus au nord encore les étés étouffants de Pristina, où l'on dit que reviennent parader chaque année les innombrables émigrés de Suisse et d'Allemagne, fortunés de leurs exils dorés. Au Monténégro, j'arrive par les montagnes chez les Slaves du Sud. Les bourgeons et les champs de pétales pigmentent le paysage, tel un tableau pointilliste. Les frondaisons sont encore minuscules, les oiseaux piaillent dans les vallées.

Monténégro ou le Costa Rica de l'Europe. Je traverse une forêt étrange dont le sol est encore jonché de feuilles d'automne tandis que les ramures verdissent tendrement. Les sous-bois prennent une couleur d'ambre, tandis que le vert s'épand sur les branches. Au soleil, les feuillages semblent translucides. Striés des dernières neiges des versants noir et blanc barrent l'horizon mais les routes sont des allées aux allures de couronnes de mariée. Si j'étais un cyclope, j'offrirais aux belles géantes des arbres en fleur en guise de bouquets. Le géographe est à l'opposé du géologue. Il préfère le monde des vivants aux coupes minérales et aux déserts de cailloux. Il affectionne la terre des hommes, féconde, la possibilité d'un cerf détalant dans les fourrés, la mousse pigmentant les roches vermoulues.

Au détour d'un lacet, l'alphabet passe du latin au cyrillique. Après les gorges escarpées de la Tara, la douane de la Bosnie est immédiatement effacée d'un panneau proclamant « Bienvenue en République Srpska ». Des murs de verdure par des vallées opulentes et sous un orage tonitruant. La pluie crépite sur la tôle, lustre les forêts et confère aux villages un air austère. Puis c'est l'Herzégovine. Partout des démarcations invisibles et partout des aigles comme symboles. À Sarajevo, des jeunes femmes en niqab se réchauffent au-dessus de la flamme éternelle. La calamité nazie et le siège par les Serbes eurent tous deux lieu au printemps, dans un décor aux mille nuances d'émeraude.

À vingt heures, les minarets font du raffut. On dirait Istanbul mais l'on paie en marks, depuis l'Autriche-Hongrie. Jusqu'à peu, l'hymne bosniaque n'avait pas de paroles, faute de consensus sur un texte commun. Je suis parfois fatigué d'explorer le puit sans fond des querelles humaines. Je préfère pour cette fois la blancheur des pétales, le parfum des premiers pollens, la floraison des marronniers – qui sont si laids à l'automne –, les troncs noirs mouchetés par les bourgeons, les eaux dévalant des vallons où est encore tapie un peu de neige.

La Serbie enfin et la gare de Belgrade vide hormis une terrasse abreuvant des passagers qui n'iront nulle part. Sur le boulevard, des minibus sont remplis à ras bord de Tsiganes endimanchés et de cuivres, trombones, trompettes. Un couple étrange collecte des poubelles grâce à une machine pétaradante. Des publicités de sociétés russes s'affichent partout dans les hauteurs des immeubles. Un imposant monument de remerciement à la France est punaisé des photos de civils disparus sous les bombes de l'OTAN.

Je poursuis par la terrible platitude de la Voïvodine qui mène aux confins hongrois. Je vais dans la roue du printemps, *vesna* en serbe, comme le prénom de cette hôtesse de l'air qui avait survécu au crash d'un avion de la Yugoslav Airlines en 1972 et à la bombe d'un terroriste croate. Elle avait alors vingt-deux ans, elle est aujourd'hui décédée. Le printemps est comme la jeunesse, il passe brièvement sur des contrées que vient ensuite brûler l'été. Il réapparaît sur le visage des autres. Les saisons divaguent dans l'espace comme nous chancelons dans le temps. Elles ressuscitent aux antipodes comme notre verdeur ressuscite sur la figure de nos enfants.

Je tente de suivre le printemps qui n'en finit plus de revivre à chaque latitude. Je quitte ces Balkans charnière, cette porte de l'Europe à laquelle frappe une humanité remontant vers les sources d'abondance. Un autre voyage. Des migrants dont la route passe par la Slovénie entre hostilité et compassion, de camps en centres d'accueil. L'humanisme placé au-dessus des lois, dans l'espoir que ce soit au nom de valeurs qui seront partagées. Abondance, à Genève, où je me retrouve en mai. Les Alpes sont blanches, l'air est frais. Je les préfère ainsi plutôt que déshabillées de leurs neiges par la crasse anthropique, découvrant des paysages lunaires de moraines.

La caillasse est l'hideux visage du réchauffement de la planète. C'est pour l'esthétique que je trie mes poubelles. Il faudrait endiguer la pollution à l'*Homo sapiens*. Hélas. Côté français, les gelées scélérates surprennent les vignobles bourgeonnants. L'hiver s'attarde comme un couche-tard.

Puis c'est le Nord, sur la houle et un navire. J'accompagne le printemps sur les îles Hébrides, aux Orcades, aux Shetlands. Le vent rase les embryons de forêt. La mer écume de mousses immaculées – la lande, de moutons blancs. Le spectre viking plane sur de vieilles pierres comme les sternes et les macareux moines sur les falaises de rochers. Je finis ce périple en Islande. Les lupins inondent l'île volcanique de champs mauves, ondulant sous un souffle sans fin. On croise partout des brebis accompagnées des agneaux de l'année. Ultimes péninsules tous azimuts, sommets vomissant les entrailles de la planète, crachant des langues de feu à la face impavide du ciel. Je peine dans les basaltes tranchants comme une mer de lave lunaire.

L'Islande est un sanctuaire qui parle de la Terre. Elle ne raconte pas grand-chose du monde. Si ce n'est qu'il rejette des hordes de touristes colonisant les côtes les plus lointaines. L'Islande, vaste Yellowstone parcouru de camping-cars et de campeurs-randonneurs.

Pays-parc, comme il existe des villes-musées. L'été m'a rattrapé là, comme un fugitif acculé à la mer du Groenland, avec ses appareils photo, ses tours organisés, ses vêtements fluo ; au terme d'une belle échappée printanière.

Retour

Je suis revenu soudain, et puis j'ai fait le chemin. Long est le long retour – lointaine, la rive où je demeure. À cause des avions à réaction, le corps devance l'esprit un peu ahuri. On se retrouve subitement au port, entre deux eaux, entre deux mondes, confusément. Le voyage finit comme il a commencé, dans un hall d'aéroport, après une escale oisive et recueillie. On sous-estime les aéroports quand on part. Celui d'Istanbul, où l'Occident croise l'Orient en pressant le pas dans les terminaux d'une Babel sans drapeaux ; ceux simples comme une piste butant sur une lisière, que l'on foule dans le grand vent. On retire soi-même son bagage à l'arrière du fuselage dans le souffle des pales et puis l'on se retrouve seul, seul avec ses rêves sur les bras, dont on ne sait d'un coup plus que faire. Le retour lui non plus ne connaît ni sas ni soupape, mais il est essentiel. Il en va des échappées comme de l'alpinisme. Une ascension n'est achevée que lorsque la cordée redescend. Nous ne faisons jamais que jouer à larguer les amarres. Exercice d'abandon, comme on dit sur les navires simulant la détresse. Un jour, il faut revenir.

J'ai mené toutes mes périgrinations du plus lointain au plus proche, de l'Extrême-Orient aux Balkans. J'ai fait tout le contraire des chevaux, j'ai ralenti sur le chemin de l'écurie. Revenir est en soi un voyage. Je tente toujours une pause dans les derniers virages. De même qu'accéder à la plénitude de la route demande quelques jours, il faut clore posément les chapitres, ne jamais se précipiter de rentrer au bercail. Une minute de silence, enterrer son âme vagabonde à l'orée d'autres mondes. Je regrette que les villes n'aient plus de portes, ce serait plus commode pour décréter le retour. Une taulière inspirée y ouvrirait un petit troquet, avec des tables dans un jardin se fondant dans les prés. On aurait vue sur les murs de sa cité. On pourrait s'y changer, brûler ses habits, en acquérir d'autres peut-être, boire et enterrer pieusement cette liberté qui n'est jamais à la vie qu'une parenthèse.

Anthropologiquement, le voyage est un rituel qui se fractionne en une séparation, une initiation et une réintégration. Se baigner dans une eau étrangère. Baptême. Faire brièvement tout le contraire de ce que supposent et commandent ses mœurs et ses lois. Les Spartiates nommaient cela la cryptie. On peut aussi envoyer au diable tous les érudits disséqueurs de nos métamorphoses, qui se croient si haut perchés que le flot de la vie ne pourrait les emporter. Reste que les *curriculum vitæ* de la jeunesse d'aujourd'hui se sont tous mis aux césures sabbatiques, aux « missions » humanitaires et au dépaysement. Les biographies professionnelles valident des immersions de rigueur, avec pondération cependant, afin de ne pas affoler leurs lecteurs. On a vu et l'on est rentré riche d'expériences ineffables, savant de quelques souvenirs qui deviennent légendaires. On se remémore un voyage fondateur comme on garde de vieilles choses.

J'ai longtemps effectué des retours éphémères lors de fêtes de fin d'année, comme une présentation de bilan devant actionnaires. Ceux qui vous ont enfanté sont heureux de vos premiers voyages et soudain inquiets qu'ils s'éternisent. De votre côté, vous êtes effaré à l'idée de ce labyrinthe que vous n'avez que si peu connu. Paris veut qu'on se retrouve dans un plus grand embarras chez soi qu'à l'autre bout du monde. À commencer par la nécessité d'un logement dans un lieu décemment poétique. Des femmes flétries, aux poitrines compressées pour faire ressortir les derniers atouts de leur corps, sont les concierges imposées par la rue d'un premier immeuble que je visite. Les touristes japonais plébiscitent, paraît-il, les appartements à louer des anciens bordels classés au patrimoine historique. Exotisme étranger porté sur ces murs familiers et profanes. Prison urbaine où ne règne même pas la justice du soleil, celle qui devrait offrir à chacun, nabab ou pouilleux, son aube et sa clarté.

Blues du bleu du ciel et réminiscences de pur éther, de poudre d'or sur l'écran des ténèbres, sans cette pollution des lueurs voltaïques et ces étoiles éteintes. Les pensées retournent sans cesse aux lieux de l'échappée. Dans nos regards, des voiles, le long rayon de gloire du voyage passé. À Paris, je reprends tout par le menu. La dernière fois, j'avais dix-huit ans. Ce n'est pas un âge. J'erre. Dans une ruelle, un sans-abri cache ses maigres effets sous une plaque d'égout. À la bourse du commerce, des Asiatiques font du taï-chi devant des alcooliques ébahis qu'on puisse si peu trembler en singeant la grue blanche. À la basilique des très saints rois de France, quinze siècles contemplent un quartier tourné vers une autre Mecque. Au marché aux puces, en un seuil de porte, je passe des chineurs bourgeois-bohèmes à des rues affreusement grises, égayées de visages babeliens. Je n'ai jamais vu de frontière aussi nette que ces limes urbains, pas même entre deux pays. À Paris non plus, il ne faut pas se promener à l'eau de rose, regarder la France en face. « Quartiers bien habités » *versus* « quartiers en devenir », disent les maquilleurs du verbe immobilier.

C'est l'automne, merveille, je sillonne les clairières de la jungle parisienne. Point de forêts mais je reconnais une beauté aux parcs citadins : ces arbres seuls au monde, développant leurs ramures sans entraves au-dessus de pelouses qu'ils saupoudrent en auréole. Les jardins libèrent ces voilures tombantes, d'ordinaire bridées par les bois touffus. J'accomplis mon *momijigari*, la « chasse aux feuilles rouges » du rite japonais, la contemplation de l'automne. Je pisse, le nez dans une frondaison cramoisie, sous les hurlements d'un gardien de la mairie de Paris. Je célèbre la saison dans les couleurs flamboyantes au parc de Bagatelle. Je m'extasie devant la parure des asiminiers de Virginie à celui des Plantes. Un spécimen. Les jardins botaniques sont à la flore ce que les zoos sont aux bêtes. Au soleil pâle, je lis Bounine. Les réminiscences d'adolescences torturées et d'éveils humiliés engendrent d'invariables chefs-d'œuvre. Octobre est radieux. Mais l'hiver, nul flocon ne détonne ni n'étonne. Le froid passe sans beauté sur Paris.

J'entends partout dans la cité une sincère empathie pour la Création. Ce ne sont souvent que des mots convenus. La plupart d'entre nous n'avons plus la consistance qu'exigent des existences rustiques et taciturnes. Nous regardons le sauvage comme les ruines d'une autre époque, derrière la vitre d'un aquarium. Le territoire de nos vies est le dédale urbain. On ergote au comptoir sur la liberté de chasser les oies sauvages, de ramasser des mûres, de vivre sans monnaie au fond des bois plutôt que de subsister chichement en ville. On s'y mure pourtant, s'en échappant plus ou moins fréquemment.

Je prends des lignes de métro encore inconnues mais Paris va vite être trop petit. Je m'étonne de manquer une station à cause de musiciens envoûtants. Je me promène le soir sur les rives de la Seine, sombre de toutes ces façades dont les embrasures ne trahissent aucune lumière ni aucun résident. Pied-à-terre à peine fréquentés, habités par les fantômes de l'argent et de la réussite. Dilemme insoluble de l'inégalité des destinées, de nos profondes dissemblances et de la définition du mérite. Cela me rappelle le centre-ville d'Erevan, en Arménie. Dès le crépuscule, tous les étages y sont plongés dans une obscurité de village. Les propriétaires se trouvent en Russie, en France ou aux États-Unis. La foisonnante diaspora conserve des pénates pour quelques séjours au pays.

Je marche dans la nuit. Des légions de sans-logis dorment sous les porches, empiètent sur les trottoirs. La démonétisation est leur ennemie. Plus d'une fois, je ne trouve pas une pièce dans ma poche. Aux Invalides, certains sont étendus sous les arbres parmi les rats que l'on voit gambader à la lueur blafarde des lampadaires. À quelques mètres, les grilles dorées des ministères et des grands hôtels, le tombeau de Napoléon où un enfant demande à sa mère s'il était « le roi des aigles ». Au-dessus de tout cela, le phare de la tour Eiffel sur la mer de zinc des toits parisiens. Je me souviens d'un soir, quinze années auparavant. Nous discutions posément en face de la dame de fer, sur une péniche déserte. Aux premières heures du matin, l'édifice d'acier avait plongé dans le noir et nous avions englouti un dernier verre avant de nous disperser. J'étais allé rôder sous la vertigineuse tour qu'une ronde de militaires gardait distraitement, avant de me précipiter vers l'un des piliers. Jusqu'à l'aube, je m'étais promené dans le mikado de fer puddlé, escaladant la structure ou les conduits d'ascenseur jusqu'au troisième étage. J'en étais sorti au point du jour, par une issue de secours qui n'avait pas donné l'alarme.

Quand vous rentrez au pays, vous vous trouvez d'un coup face à ceux qui sont restés, sur une péniche qui n'est jamais partie. Il est des gens – des millions – qui ne privilégient ni l'horizon, ni les canopées, ni la couleur du ciel. Ils préfèrent les « refaits à neuf », des enfilades de pièces, une baignoire. J'ai fini par dénicher un havre, sacrifiant les mètres carrés à une vue sur un dôme baroque flottant dans l'air nocturne et à un bouquet de grands arbres. L'espace que m'offrent les fenêtres importe plus que celui qu'enferment les vieux murs. Un havre, pour m'abriter entre les voyages.

La vie n'est jamais qu'une histoire d'embourgeoisement. Certains y sont plus longtemps réticents que d'autres. Un jour pourtant, on se surprend à songer à un semblant de décoration intérieure, cette fécondation de la Scandinavie par le Japon. Ornementation sommaire cependant. Le dépouillement sera sans doute pour toujours un stigmate du vagabondage. Je rassemble des affaires dispersées au gré de mes séjours sur les canapés de tous ceux qui m'accueillaient précédemment. Je retrouve des lettres, naïves correspondances de plumes hésitantes. Des cursives féminines, aux mots que je n'avais pas bien saisis et qu'importe. Des textes aussi, insoutenables et pathétiques : « Combien m'a-t-il fallu d'horizons éplorés ? Nul autre n'absorbait la profondeur des mondes, nul autre n'effleurait le joug des ciels qui grondent, sur le repos de l'âme et la sérénité. »

Touches discrètes de la nostalgie du futur, *saudade do futuro*, lorsque j'ignorais tout de la Terre, temps bénis. Combien en ai-je pris de bus brinquebalants, de billets pour plus loin, de places pour ailleurs ? Le front plaqué sur le verre froid, je voyais le reflet de mes yeux, l'auréole de buée en face de mon nez et le désert glacé jusqu'aux étoiles. Je me souviens de l'un d'eux, qui me ramenait en Allemagne, plein à craquer de Turcs. Les chauffeurs avaient distribué à chacun des cartouches de cigarettes pour les ramasser après les douanes, en Grèce, sur un ferry qui voguait vers l'Italie. Je dormais sur le pont dans les embruns et les fumées malmenées par le vent. Je rentrais avec détermination, décidé à occuper plus tangiblement ma vie. Cette fois, cela n'avait pas duré longtemps mais il faut savoir rebrousser chemin lorsque l'on ne s'émerveille plus qu'à demi, qu'on est repu de l'ailleurs. Il faut parapher la paix avec ses rêves ardus et ses armées lyriques.

L'expérience, c'est extrapoler en vertu de sa mémoire. Le devisement du monde exhale des relents bien connus jusqu'aux antipodes. L'espace est infini. Il est vain de voyager sa vie durant, ne demandant à son pays que d'accueillir sa mort. S'il savait, le temps, comme on calque nos vies sur lui, lui qui a tout son temps, qui est jeune comme il est vieux. J'ai en moi la joie de n'avoir presque aucun regret. À quel point cela allège le poids des années. Je ne veux pas de ce genre de fardeau. Je ne veux pas non plus du gouffre des souvenirs qui vous pèse dans le dos. Le destin est une solitude, ponctuée de rencontres nous déviant d'une trajectoire sans but. Qu'importent les vies que j'aurais pu avoir ailleurs et en d'autres compagnies.

Écrire est la conclusion du voyage, une manière de s'en débarrasser en le refourguant aux autres. On se raconte son histoire pour mieux la digérer. On reprend le déroulé, parfois des décennies après. Pour ne pas affliger le lecteur, on fait des impasses, on met bout à bout les fulgurances, on recolle l'archipel du bonheur en enfilant les quelques perles de ses tribulations. Le reste est un brouillon en douze tomes, lourd comme une usine : l'ordinaire. Certains s'arrangent, ils distillent d'innocentes fables, arguant avec raison que la littérature se fiche éperdument d'être servie par la vérité. *Le Petit Prince* de Saint-Exupéry disait : « Si les souvenirs de l'un d'entre eux lui paraissent intéressants, le géographe fait faire une enquête sur la moralité de l'explorateur. »

Encore une fois, le plus beau voyage s'avère le langage. Voyage de papier de ces notes resurgissant d'un carnet. On n'écrit que pour soi, on aime des mots que d'autres abhorrent. L'écriture est un refuge, une citadelle d'où l'homme ne parle vraiment à l'homme qu'en couvrant d'encre des pages mûrement réfléchies. Le reste n'est que jacasserie. J'ai toujours des doutes au sujet de ceux qui ne lisent jamais. Je préfère la compagnie muette de ceux qui tiennent d'une main, le pouce écartant les pages, des recueils insensés. Je me sens mieux dans le silence de celles qui enroulent d'un doigt une mèche de cheveux, happées par un récit qui dit tant de la vie.

Mystérieuse complicité que celle provoquée par certaines œuvres. Ceux qui les ont lues se les remémorent ensemble comme une terre lointaine. Une lecture en commun peut conduire à de plaisantes causeries et, partant, à de grandes amours. À l'inverse, le soir, au lit, chacun tourne ses pages. Ils n'ont plus rien à se dire, mieux vaut se plonger dans des ouvrages. Au divorce, la bibliothèque n'est pas moins importante que les meubles en chêne ou le service en porcelaine. Le droit tacite tranche en faveur de celui qui a déniché la pépite dans le foutoir d'une librairie (l'achat de livres est le denier de la littérature). Il y a de l'initiation, du secret et de la révélation dans les conseils de lecture. Quand on troque des ouvrages, on s'échange des mondes et des effluves.

Noms de tableaux

Quels enseignements tire-t-on des voyages ? Quelques rudiments de climatologie – géographie des nuages et des vents – sous un ciel qui vous concerne à plein temps et vous inflige ses diagrammes de précipitations ou ses courbes de Celsius. Que, en Inde, les Tibétains élus de l'Occident sont surnommés par certains « les Juifs de l'Himalaya ». Que l'idéal n'a rien à voir avec la perfection. Que, en Russie, on accroche encore des étoiles rouges en haut des sapins au Nouvel An. Mille choses. Que la liberté est une déréliction, elle se révèle être un sable mouvant qui vous aspire vers un terrible recueillement et que, sur les toits du monde, on ne s'embrasse jamais à pleine bouche afin de ne pas se pomper l'air. Après s'être secoués comme des cocotiers, on s'affale dans des palpitations, le cœur affolé comme après un coït en apnée.

Que reste-t-il de ces voyages, lorsque l'on revient lentement à soi, sur ses terres ? Que deviennent ces fracas intérieurs qui ont fait grandir en des soirs de stupeur, cette acceptation graduelle du monde et de l'existence, en lieu et place de l'explication qu'on en exigeait ? Quels visages, quels paysages, dans la mémoire qui s'étiole ? Quels tableaux ? Ceux que l'on griffonne sur un carnet, regardant alternativement la page et le paysage, tel un peintre ?

J'étais à l'entrée du modeste musée des Beaux-Arts de Samara, à la première heure un dimanche de Pâques. La grosse dame, perplexe, ne reconnaissant en moi aucun collègue ou visage connu, avait fini par s'exclamer avec stupéfaction : « Seriez-vous un visiteur ? » J'en étais un, oui. Un miracle. Parfois, il me semble qu'il en va de ces expositions oubliées comme des aînés. Ils sont tout étonnés d'abord que l'on frappe à la porte de leurs souvenirs. Puis ils jettent la lumière pour vous sur une époque patinée. La préposée avait eu besoin de s'asseoir pour reprendre ses esprits puis elle avait tamponné avec application un coupon d'entrée contre mes quelques roubles.

J'en ai réveillé au cours de mes voyages, des gardiens somnolents, des conservatrices languides, des sentinelles de l'art. La caisse était imperturbablement vide, il fallait faire l'appoint. Puis j'entendais les bruits secs des fusibles que l'on enfonçait pour ranimer la lumière. Apparaissait alors dans un cadre en or la noblesse immortalisée d'une inconnue, la profondeur d'un paysage de maître sous les moulures qui s'effritaient et les tentures de fond. Les parquets grinçaient sous mes pas qui se voulaient légers et j'ai toujours aimé écumer sur la pointe des pieds ces salles désuètes et feutrées. Pour le personnel reclus, pour l'écrin du silence. Est-ce que la stérilité clinique et l'éclairage élaboré des galeries modernes rendent la beauté plus parfaite ?

Un tableau s'admire de loin, la mémoire aussi. Comme chacun, je conserve en moi une galerie intime : des illustrations parcellaires, des portraits figés, des perspectives vertigineuses et jusqu'à des natures mortes. Réminiscences à l'huile des horizons vespéraux altaïques, aquarelles délavées des immensités steppiques, prodige de pointillisme des myriades de pousses printanières, nus de jeunes filles passagères ; divers dessins épurés ou avortés. Mon conservatoire s'apparente à ces musées modestes de province. Une collection empirique de scènes et de poses. Et puis, surtout, des noms, des noms de tableaux.

Partout les gens cherchent les chefs-d'œuvre, ne lisant les cartels que pour vérifier s'il s'agit d'un grand maître et, selon, s'extasier ou passer leur chemin. Ils ne prennent guère le temps d'apprécier ces mentions discrètes, qui légendent les barbouillages d'inconnus comme les plus célèbres toiles. Peut-être est-ce bien singulier mais je nourris un goût secret pour ces plaquettes gravées de titres aux tournures dépouillées et candides, qu'on n'emploierait jamais pour des livres. J'y vois une poésie aussi puissante que brève, des haïkus des beaux-arts, contraires à tout lyrisme et plus éloquents d'être si sobres. Ce sont au hasard des couloirs et des salles, des descriptions succinctes telles que :

Sortie du bain
Japonaiserie : le prunier en fleur
Paysage avec bœufs
Étude d'arbres

La naïveté explicite de quelques termes paraphrasant l'évidence a toujours trouvé dans mon âme une certaine résonance. Il y a quelque chose comme une économie de mots sur ces discrets écriteaux : *Semeur, Jeune femme à sa toilette, La Grande Vague de Kanagawa*. On distingue un attribut permettant reconnaître un portrait dans un thème séculaire : *Nu assis au collier bleu, Le Corsage à carreaux*. Comme si l'exercice était à ce point commun qu'il ne puisse se dépareiller que par une chemise colorée ou un motif anodin. Peut-être parce qu'il ne s'agit pas de concurrencer la peinture par une sophistication du verbe. Un refus de nommer, une simplicité évocatrice, une beauté involontaire.

Qui baptise les toiles ? Parfois les gens disent d'un livre qu'ils n'ouvriront jamais : « Quel beau titre ! » A-t-on déjà entendu pareille exclamation au sujet des intitulés des beaux-arts ? Je crois que j'aurais, sans les avoir jamais vus, souhaité ardemment admirer *Les Amoureux dans le lilas* ou *La Naissance de Vénus*. Il me semble que je n'aurais pas su si *La Beauté sur la terre* de Ramuz était une œuvre littéraire ou de peinture. Je n'ai croisé qu'à de rares occasions des hommages d'écrivains aux vulgaires étiquettes d'exposition. *Portrait de groupe avec dame* d'Heinrich Böll et une allusion dans *Avril brisé*, d'Ismaïl Kadaré.

Souvent dans mes voyages, assis devant des scènes indicibles, j'ai tenté cet exercice de la suggestion. J'ai rempli des cartouches sous des cadres imaginaires : *Caravane nomadisant sur le toit du monde*, *Ismaéliens devant l'Hindou Kouch.* Si je devais nommer quelques chefs-d'œuvre de ma collection intime, je dirais *Bouquet d'arbres en octobre*, *La Liberté en berne*, ou encore *La Mer à Marioupol.* La mémoire est galeriste. Elle procède par tableaux. Je revois encore *Jeune fille en pleurs*, *Le Cœur lourd : autoportrait*, *Navire appareillant au port (esquisse)*, *Lumières du Grand Sud*, *Joie des retrouvailles*, *Nu assis au sein lourd.*

Je suis riche aujourd'hui d'une série sur les hautes terres, période blanche comme la neige, d'une époque mélancolique et automnale, période ambre, tant d'autres encore. Des toiles inestimables, signés de la main du Créateur et de la destinée, que parfois je voudrais incendier et livrer au pillage d'une autre vie. Il n'y a rien de plus encombrant que les souvenirs, fussent-ils de voyage. Les jours sont sans saveur s'ils ne nourrissent des rêves.

Cosmos

Comment évoquer le voyage aujourd'hui, sans lever les yeux au ciel ? Sans effleurer la cosmographie ? Nul n'ignore que les prochaines explorations décolleront à la verticale. La géographie grecque – Strabon, Homère – se représentait un monde cerné par l'océan, une mer extérieure baignant l'îlot solitaire de l'humanité. Allégorie prémonitoire de la planète Terre perdue dans l'eschatia spatiale. Les monstres sont devenus les Martiens que notre science-fiction crée à profusion, comme alors la mythologie. L'écoumène s'est avancé jusqu'à l'orbite proche où tourne sans fin une station habitée, aux véritables frontières de notre globe.

La reconnaissance de notre planète s'est achevée à la fin des années 1950 avec l'étude géophysique de l'Antarctide, l'ascension des plus hauts sommets himalayens ou une plongée dans la fosse des Mariannes. Il ne restait dès lors que quelques taches blanches sur les cartes, en Amazonie, à Bornéo, en Nouvelle-Guinée, des vétilles au regard de la course aux étoiles. À la même époque, la conquête spatiale prit le relais, offrant une issue à la finitude. Gagarine montrait le chemin du firmament, Armstrong foulait la Lune. Depuis, l'imminence sans cesse repoussée d'un premier pas sur Mars est le signe d'un défi d'une tout autre taille.

L'obstacle à ces explorations extraterrestres ne semble plus tant technique que biologique. C'est nous-mêmes. Nous face au gouffre insurmontable de l'espace et du temps. Quelles ont été les plus longues expéditions humaines ? Au moins une décennie pour Ibn Battûta. Plus peut-être pour Marco Polo. Des circumnavigations de trois ans pour les équipages des grandes découvertes. Ou ce que durerait une mission martienne. Au-delà de la planète rouge, toute tribulation intersidérale engloutirait une existence entière. Il n'y aurait pas d'au revoir, que des adieux, des embarquements corps et âme. Des pleurs à ressusciter la mer d'Aral, des séparations pareilles à des funérailles. Ce serait des épopées de plusieurs générations dont les premières vivraient recluses dans des vaisseaux intergalactiques. Peut-être navigueront-ils comme les Magellan, les Colomb, les Dias, tirés par de grandes voiles solaires. Le voyage originel.

Originelle aussi, la migration vers de nouvelles terres. Si la conquête de l'Univers se cherche des raisons, la démographie pourrait un jour lui en fournir. Une Ellis Island lointaine accueillerait les émigrés d'une Terre où l'homme voulait ménager la chèvre et le chou. L'espèce invasive que nous sommes reste le grand tabou de l'écologisme. Il m'est arrivé de converser avec un ancien ministre qui croyait dur comme fer que la géosphère pourrait bien nourrir – et abreuver ? – encore quelques milliards d'êtres humains, avec des grillons et des sauterelles (lui semblait tenir à sa sole meunière). À défaut, les affamés iraient voir sur Mars si on y était. Si un tel entassement était envisageable, il me semble que je périrais avec la nature. Cela va bien au-delà de considérations matérielles. Je revendique le droit au sauvage.

À admettre que nous colonisions des astres à grand renfort d'artifices et que les comptoirs humanoïdes s'éparpillent sur un archipel de planètes, des environnements exotiques entraîneraient avec les siècles des mutations génétiques.

Les groupes dispersés à travers l'espace deviendraient plus dissemblables que ceux de la Babel terrestre. Parlerions-nous encore d'humanité devant la diversité des spatiopithèques ? Ce ne serait pas tant l'homme que la vie qui aurait alors ensemencé l'Univers. Nous ne sommes peut-être qu'une espèce de rupture dans l'évolution, un de ses plus marquants visages. Et cela aussi c'est un vertigineux voyage...

Sans assistance, l'homme s'éteint dès qu'il quitte son optimum baro-gazo-climatique. N'importe qui peut aller constater qu'*Homo sapiens* connaît des frontières autres que politiques. La géosphère n'est pas également hospitalière. Les rares incursions hors des limites vitales que m'ont offertes l'alpinisme, une navigation vers l'Antarctique ou les banquises septentrionales m'ont toujours fait l'effet d'un avant-goût cosmique. Les mondes minéral et glaciaire, les températures inouïes, les draperies boréales, les sols stériles m'ont chaque fois semblé les prémices de l'espace. Nous, êtres de chair perdus dans l'inanition géologique, vifs au beau milieu de l'immensité morte, éclairs dans la nuit des temps, étincelles dans les ténèbres, âge infime perdu dans l'immémorial.

Les confins de notre monde sont des belvédères, une marche d'approche vers le ciel. Il y a le soleil de minuit qui dure autant qu'un jour vénusien et le ciel noir des hautes latitudes comme si l'éther n'était plus. Météorites, désolations de lave basaltique, rayonnements et radiations sur les calottes polaires. Partie nécrosée de la Terre, aux vents intraitables, aux sols sélènes, aux volcans de poussières. Lune énorme que l'on aperçoit depuis les bases où les agences spatiales s'entraînent, des cratères de l'île Devon dans le Haut-Arctique à la Vallée sèche en Antarctide. Ce n'est qu'un prélude au cosmos infécond, fait de plus d'étoiles qu'il y a de grains de sable dans nos mers. Archipel de milliards d'astres et peut-être pas d'autre vie qu'ici-bas. À moins que, quelque part, un paradis et l'enfer. Ou bien Dieu est-il lui aussi fait de pierre, comme les statues de nos églises ?

Si le cosmos était un océan, se rendre sur Mars représenterait quelque chose comme patauger dans les vagues s'épandant sur une plage. J'ai bien peur que nous ne fassions jamais que du cabotage, grands naufragés que nous sommes dans l'Univers. Pourrons-nous jamais le rétrécir comme nous avons réduit notre planète, par la vitesse des transports ? Notre esprit n'est pas même capable d'appréhender les dimensions célestes ! Il m'a toujours semblé que seule la Terre est à l'échelle de l'homme. Le commun des mortels est condamné à venir contempler le mystère aux balcons du globe. Les fusées elles-mêmes n'empruntent-elles pas ces couloirs inhabités pour larguer leurs étages secondaires ?

Se résigner. Prendre un bain de minuit, un soir d'été dans une crique sans lumière, et le murmure de la mer. S'éloigner légèrement des côtes d'une brasse vive. Mettre en croix jambes et bras, puis, de même que les candidats à l'espace s'entraînent en scaphandre dans des piscines à la Cité des étoiles, flotter dans l'apesanteur de l'eau, sous la voûte scintillante et démesurée.

Cet ouvrage a été composé
par Maury à Malesherbes
et achevé d'imprimer en mars 2018
sur Roto-Page
par l'Imprimerie Floch à Mayenne
pour le compte des Éditions Stock
21, rue du Montparnasse, 75006 Paris

PAPIER À BASE DE FIBRES CERTIFIÉES

Stock s'engage pour l'environnement en réduisant l'empreinte carbone de ses livres. Celle de cet exemplaire est de :
750 g éq. CO_2
Rendez-vous sur www.editions-stock-durable.fr

Imprimé en France

Dépôt légal : avril 2018
N° d'édition : 01 – N° d'impression : 92375
61-51-4067/6